Dieter Funke

Die Wunde, die nicht heilen kann

Die Wurzeln des sexuellen Missbrauchs
Eine Psychoanalyse der Kirche

Dieter Funke

Die Wunde, die nicht heilen kann

Die Wurzeln des sexuellen Missbrauchs

Eine Psychoanalyse der Kirche

Impressum

Dieter Funke
Die Wunde, die nicht heilen kann
Die Wurzeln des sexuellen Missbrauchs
Eine Psychoanalyse der Kirche

Layout: Andreas Klinkert
Satz: Elke Habicht
Titelfoto: photocase/tobeys
Druck und Bindung: Westermann Druck Zwickau GmbH
Auflage: 1/2010

Postfach 2010
61410 Oberursel
ISBN 978-3-88095-204-1

Inhalt

Vorwort 7

Einleitung 9

I. Die Wunde 15

II. Der traumatische Hintergrund 35

III. Wege der Heilung 121

Glossar 153

Literatur 157

Vorwort

Nach dem Bekanntwerden der sexuellen Übergriffe im Raum der Kirche hat mich vor allem die erste Reaktion der Verantwortlichen darauf zornig gemacht. Vermutlich geht es mir dabei wie vielen Leserinnen und Lesern, die kirchlich-christlich erzogen worden sind und manche Fehlentwicklungen am eigenen Leib erfahren haben. Da ich kirchlich sozialisiert bin, Theologie studiert und lange im Innenraum der Kirche gelebt und gearbeitet habe, ist mir die Innenseite der Problematik vertraut. Als praktizierender psychologischer Psychotherapeut und Psychoanalytiker, der seit vielen Jahren mit zahlreichen Priestern und Ordensleuten therapeutisch arbeitet, bin ich mit den Hintergründen des sexuellen Missbrauchs vertraut und daran interessiert, die tieferen Ursachen von sexueller Gewalt aufzuspüren und sie mit den Mitteln zu untersuchen, die mir als Psychoanalytiker zur Verfügung stehen. Zu diesen Mitteln gehören auch die eigenen Gefühle, vor allem Wut und Schmerz, die bei der Beschäftigung mit diesem Thema in mir entstanden. Sie sind zwar auch Reaktionen auf eigene Erfahrungen, aber in mir bildete sich zugleich etwas davon ab, was die Opfer von sexueller Gewalt ungleich heftiger in sich erleben. Dies motivierte mich, meine Gedanken zu Papier zu bringen. Daraus ist spontan das vorliegende Buch entstanden, welches ich bewusst einen Essay, also einen Versuch nenne, denn vieles ist nicht weiter ausgearbeitet oder belegt, manches ist durchaus einseitig und subjektiv. Meine Analyse ist also alles andere als objektiv oder ausgewogen, ja sie beansprucht nicht einmal, es zu sein. Ich glaube allerdings, dass im Subjektiven und Einseitigen eine Wahrheit zur Sprache kommen kann, die unter allzu differenzierter und differenzierender Gelehrsamkeit verloren ginge.

Die Veröffentlichung der Missbrauchsfälle und das fortgesetzte Interesse der Medien bergen die Chance, die dunklen Seiten des christlich-kirchlichen Lebens anzuschauen und Abgründe auszuleuchten. Dabei stellte sich in mir auch ein Gefühl von Zufriedenheit darüber ein, dass man die neurotischen Strukturen, die in bestimmten Glaubensinhalten begründet sind, analysieren kann und dass nach diesem Läuterungsprozess etwas Humanes, Heilsames und Lebenswertes zurückbleibt.

Ich danke meiner Frau Renate M. Paus für ihre Korrekturen während des Schreibens und Frau Elke Habicht für ihre hilfreichen Verbesserungsvorschläge.

Dieter Funke
Düsseldorf, im August 2010

Einleitung

In diesem Essay geht es darum, die konkreten Fälle von sexueller Gewalt in der Kirche in einen größeren Zusammenhang zu stellen. Sosehr jedes einzelne Opfer individuelle Aufmerksamkeit, Begleitung und Hilfe benötigt, so wenig wird man den Opfern gerecht, wenn man die sexuellen und psychischen Gewalttaten ohne eine übergeordnete Perspektive anschaut. Aus einer solchen Sicht nämlich wird deutlich, dass die Täter nicht nur kranke Individuen sind, sondern Symptomträger eines kranken Systems. Die jetzt bekannt gewordenen Missbrauchsfälle sind nur die Spitze eines Eisbergs. Sie weisen hin auf verborgene krank machende Strukturen, die wiederum eng verzahnt sind mit den lehrmäßigen Inhalten der Kirche, mit ihrer symbolischen Inszenierung, mit ihren Idealen und ihrer Werthierarchie. Ich möchte die Verzahnung deutlich machen, die besteht zwischen dem entwicklungsgestörten Täter, den Folgen der Tat im Opfer und einem bestimmten kirchlich-katholisch geprägten dogmatischen Verständnis der zentralen Figur der Christentums: der Figur Jesu, der als Sohn einer jungfräulichen Mutter freiwillig in den Tod geht und dadurch die Welt erlösen soll.

Nach meinem Verständnis wird es deshalb eine Heilung der Wunde, die durch die Missbrauchsfälle aufgerissen wurde, nur dann geben können, wenn man die doppelte Perspektive von individuellen krankhaften Zügen einerseits und neurotischen Strukturen und Inhalten andererseits in einen Zusammenhang bringt und erkennt, wie sich beides bedingt. Eine Heilung an der Wurzel bedeutet deshalb auch, an die Wurzeln des Christentums zurückzukehren, denn hier liegen die tieferen Ursachen für Fehlentwicklungen und Entgleisungen, die so gar nicht zur Religion der Liebe passen.

Es geht mir mit meinen Analysen nicht darum, das kirchliche Christentum im Ganzen an den Pranger zu stellen, auch wenn das bisweilen so aussehen mag. Mir kommt es vielmehr darauf an, die krank machenden und neurotisierenden Strukturen der Kirche, also ihre strukturelle Sünde, zu beleuchten, und zwar im Kontrast zu solchen Sozialisationsbedingungen, die sich für das Entstehen reifer Sexualität und erwachsener, Grenzen respektierender Persönlichkeiten als günstig erweisen. Dass es über das neurotische, entwicklungsverhindernde Milieu hinaus in der Kirche und in ihrer Lehre auch heilende Seiten gibt, steht außer Frage. Damit diese heilsame, eher mystisch-spirituelle und auf das höhere Selbst bezogene Seite mehr Raum bekommen kann, bedarf es zunächst einer kritischen Analyse der symbolischen Inszenierungen, der Riten und Selbstrepräsentanzen des kirchlich-christlichen Lebens, die einer krank machenden Fehlentwicklung Vorschub leisten. Ohne diese Art von psychoanalytischer Religionskritik gerät der Verweis auf die spirituell-geistigen und heilsamen Aspekte des Christlichen schnell unter Ideologieverdacht. Ich gebe zu, dass die Religionskritik der Moderne – vor allem die marxistische mit ihrer These, Religion sei »Opium für das Volk«, und die psychoanalytische, die den Glauben unter Illusionsverdacht stellt – heute kaum noch gefragt ist. Geht es in der gesellschaftlichen Entwicklung doch augenscheinlich darum, wie überhaupt Wertüberzeugungen überliefert werden können und welchen Beitrag die Religionen zur Humanisierung der Gesellschaft leisten. Vielen scheint die Bedeutung der Religion angesichts einer an ihrem Materialismus zugrunde gehenden Kultur zu wertvoll, um sie durch Kritik zu schwächen. Wer soll denn den Bezug zur Transzendenz, den die Gesellschaft dringend braucht, herstellen, wenn nicht die Religion, und zwar in ihrer institutionalisierten Gestalt als Kirche? Genau diese Aufgabe wird eine Kirche nur dann übernehmen können, wenn sie ihre Energie nicht für die Aufrechterhaltung neurotischer Abwehrformen verbraucht, wie wir sie hier untersuchen werden. Deshalb steht die Kritik dieser Strukturen im Dienste der eigentlichen Aufgabe der Kirche, nämlich den Transzendenzbezug herzustellen.

Das Wertvolle des Christlichen liegt für mich in einer mystisch-spirituellen Sicht der Person Jesu und seiner Botschaft, die in der Entwicklungsgeschichte des menschlichen Bewusstseins eine neue Stufe beschreibt: diejenige der Einheit von Gott und Mensch, von Diesseits und Jenseits, von Leben und Tod. Diese Stufe wird in der Lehre von der Inkarnation, also der Menschwerdung Gottes, theologisch ausgedrückt. Sie relativiert all die konkreten Inhalte, die, weil sie wie etwa die Jungfrauengeburt, konkret-materiell und nicht symbolisch-geistig verstanden wurden, so viele neurotische Fehlentwicklungen begünstigt haben. Aber wir wissen, dass eine mystische Überschreitung, in der Gott und Mensch eins sind, nur möglich ist, wenn es zuvor ein Ich gibt, welches zu einer solchen Überschreitung auf eine nichtduale Wirklichkeit hin fähig ist. Im letzten Teil dieses Essays werde ich näher darauf eingehen. Zunächst geht es mir jedoch darum darzulegen, dass es ein entwickeltes Ich geben muss und dass eine bestimmte Interpretation des Glaubens nicht zu einem reifen Ich führt, sondern zu einem gestörten Ich, das auf einer frühen Entwicklungsstufe der psychosexuellen Reifung stehen geblieben ist. Dieses gestörte Ich tritt im Täterprofil des sexuellen Missbrauchs immer wieder auf und findet in einem bestimmten klerikalen Milieu einen Rahmen, in dem seine Defizite als Tugend und Erwählung ausgegeben werden können. Das Ich kann jedoch nur zu einem höheren und umfassenderen Selbst fortschreiten, wenn es seine neurotischen Strukturen überwunden hat. Deshalb ist es für die Zukunft des Christentums wichtig, diejenigen Strukturen der Kirche zu untersuchen, die Reifung und Entwicklung verhindern. Die Geburt des Selbst, in dem Mensch und Gott nicht mehr getrennt sind und in dem die Stufe eines personalen, ichhaften Gottesbildes überwunden ist, kann erst dann als Ziel christlicher Selbstwerdung ins Blickfeld rücken.

Die psychoanalytische Perspektive: Der unbewusste Hintergrund sexueller Gewalt

Auf diesem Hintergrund versteht sich der vorliegende Essay als ein Beitrag zur Aufarbeitung der Missbrauchsskandale in der katholischen Kirche. An einer Aufklärung über die Hintergründe und verborgenen Zusammenhänge der sexualisierten Gewalt wird jeder, der in der christlich-abendländischen Kultur verankert ist, ein existenzielles Interesse haben. Was in den übergriffigen Taten einzelner pädophiler Geistlicher ans Tageslicht tritt, ist Teil eines nicht gelösten und nicht einmal bewusst gewordenen Konflikts im Kern des Christentums. Insofern betrifft die Aufarbeitung nicht nur die Kirche, um den Opfern gerecht werden zu können, sondern jeden, der sich in seiner eigenen Geschichte und Persönlichkeit von den zentralen christlichen Symbolen und Glaubensaussagen geprägt fühlt. Deshalb verstehe ich die Erkundung der Hintergründe des Skandals nicht als eine innerkirchliche Angelegenheit, sondern als eine kulturelle Aufgabe des christlich geprägten Abendlandes. Diesen Horizont verliert man jedoch aus dem Blick, wenn man die Taten sexueller und psychischer Gewalt nur einigen kranken Persönlichkeiten zuschreibt, ohne den Zusammenhang mit den strukturellen Konflikten der Kirche (etwa Macht und Hierarchie, Spaltung der Kirche in Kleriker und Laien) und den kirchlichen symbolischen Inszenierungen (beispelsweise Jungfrauenideal gegenüber gelebter Sexualität, asexuelle »Heilige Familie«) zu untersuchen. Damit ist schon angedeutet, dass es bei den Hintergründen des Skandals keineswegs nur um die individuellen Schicksale von Tätern und Opfern handelt, sondern dass die übergeordneten Zusammenhänge im Konfliktfeld von Körperlichkeit, Erotik, Sexualität auf der einen und geistigen Idealzuständen, wie Vollkommenheit, Unterwerfungsbereitschaft, Jungfräulichkeit, auf der anderen Seite in den Blick genommen werden müssen. Es ist wie bei einem alten Fresko: Wenn man das ganze Bild erkennen will, muss man ein paar Schritte zurücktreten.

Wenn man mithilfe der Psychoanalyse die Hintergründe von sexueller Gewalt durch Geistliche zu erforschen sucht, dann muss man sich klarmachen, dass Aufdecken und Heilen für die Psychoanalyse zusammengehören. Dadurch, dass sie versucht, das Unbewusste, Verdrängte, Dunkle und Unerledigte ins Bewusstsein zu heben, heilt sie. Dies ist ein zwar oft schmerzhafter, aber dennoch gesund machender Prozess, der im Interesse der jetzigen und möglicher künftiger Opfer geschieht. Prophylaxe erfolgt nicht nur dadurch, dass man die Regeln verschärft, wie es die Kirche zurzeit im Hinblick auf sexuelle Verfehlungen durch Geistliche tut, sondern vor allem dadurch, dass man die unbewussten Konflikte und die strukturellen Zusammenhänge untersucht, die zu gestörten Persönlichkeiten und zu missbräuchlichen und gewaltsamen Beziehungen führen.

Dieses Erforschen ist keineswegs ein distanzierter Vorgang, sondern er löst Gefühle aus wie Trauer, Wut, Enttäuschung und Schmerz. Psychoanalytisch kann man nicht neutral untersuchen, weil im psychoanalytischen Prozess Analytiker und Patient miteinander in Beziehung stehen und sich – was ihre Beziehung angeht – in ihrer Arbeit gemeinsam entwickeln. Dies gilt in besonderem Maße für den hier vorliegenden Gegenstand der Untersuchung: den Missbrauchsskandal und dessen Resonanz in Kirche und Gesellschaft. Der Autor ist mit seinem Untersuchungsgegenstand ebenso verwickelt wie Sie als Leserin oder Leser. Deshalb löst das Schreiben oder Lesen auch unmittelbare Reaktionen aus wie Empörung, Ablehnung, Zustimmung, Sich-Verstanden-Fühlen oder Ähnliches. Solche Reaktionen bei sich zu beobachten und wohlwollend zuzulassen kann hilfreich sein für ein tieferes Verständnis des hier vorgestellten Zusammenhangs. Die Wahrnehmung dieser Reaktionen lässt die eigene Verwicklung mit dem Thema bewusst werden. Diese Selbstbeobachtung verhindert, dass man der Illusion erliegt, man könnte ein Thema wie dieses objektiv, neutral und ohne innere Beteiligung bearbeiten. Weil vermutlich die meisten Leserinnen und Leser im weitesten Sinne christlich sozialisiert sind, tragen sie Spuren des ungelösten Konflikts des kirchlichen Christentums in sich. Anders gesagt: Das, was sich im Umfeld der Missbrauchsskandale und deren Aufdeckung und Verleugnung zeigt, ist etwas, was sich auch im Seelenleben einzelner Christen wiederfindet. Der Autor jedenfalls hat viel von dem auch in sich gefunden. Man wird seinem Untersuchungsgegenstand am ehesten gerecht, wenn man sich seiner subjektiven Verwicklung bewusst ist und diese bei sich selbst versteht.

Um diese verborgenen Zusammenhänge zu erforschen, ist die Psychoanalyse das Mittel der Wahl. Sie hat eine begrenzte Reichweite, eben weil sie sich auf das Unbewusste konzentriert, aber in dieser begrenzten Perspektive lässt sie Zusammenhänge sehen und verstehen, die andernfalls unverstanden blieben. In diesem Essay geht es nicht um die Analyse eines delinquent gewordenen oder kranken Individuums, wie es die Psychoanalyse in ihrer alltäglichen klinischen Anwendung praktiziert. Es geht um eine Institution, genauer um das kollektive Gedächtnis des kirchlichen Christentums. Wie in der individuellen Psyche finden sich hier symbolische Repräsentanzen, die verinnerlichten Figuren und Szenen aus den Gründungsdokumenten des Christentums. Im kollektiven Gedächtnis finden sich heilsame Verinnerlichungen, die Liebe, Autonomie, Freiheit und Transzendenzbezug ermöglichen und sich positiv auf den Einzelnen auswirken, aber eben auch solche inneren Figuren und Bilder, die als vergiftete Introjekte – so nennt der Psychoanalytiker negative Verinnerlichungen – Spaltung, Verleugnung, Gehorsam und Unterwerfung fordern. Sie machen den Einzelnen unfrei und bringen fehlentwickelte Persönlichkeiten hervor. Um solche krank machenden Figuren, symbolischen Inszenierungen und inneren Repräsentanzen im unbewussten Gedächtnis der Kirche geht es im Folgenden.

Anders gesagt: Die Bearbeitung des Skandals um sexualisierte Gewalt greift zu kurz, wenn man sie auf individuelle oder soziologische Faktoren beschränkt und nicht die Kritik an Inhalten der kollektiven Gedächtnisgeschichte einbezieht, also Ideologiekritik betreibt.

I. Die Wunde

Der Missbrauchsskandal, der die Kirche in den letzten Monaten erschüttert hat, offenbart einen tief sitzenden ungelösten Konflikt in der Gedächtnisgeschichte der Kirche und des Christentums. Dieser Konflikt, so die These meines Buches, hat mit der Spaltung der leibseelischen Einheit des Menschen in einen sexuellen Körper und einen asexuellen, vergeistigten Leib zu tun. Besonders im Klerikerideal wird dieser ungelöste Konflikt sichtbar, der die Geschichte der Kirche seit Anbeginn begleitet. Er ist eine Wunde, die nicht heilen kann und die sich im Missbrauchsskandal und in der Art des Umgangs damit einen Weg an die Oberfläche verschafft. Dieser ungelöste Konflikt erzeugt aber nicht nur Verwundungen, sondern er gründet auch in Verwundungen. Es geht also um die Wahrnehmung jener Wunde in der Gründungsgeschichte des Christentums, die zu pathologischen Entwicklungen führte.

Beim Thema sexueller Missbrauch verweisen Verantwortliche in der Kirche immer wieder darauf, dass sexuelle Übergriffe in Familien viel häufiger geschähen als durch Priester. Oder dass Missbrauch bei evangelischen Pfarrern oder Rabbinern häufiger vorkomme als bei katholischen Priestern. Dass kein Zusammenhang bestehe zwischen dem Zölibat und den sexuellen Übergriffen.

So richtig diese Hinweise sind, so wenig helfen sie bei der Aufarbeitung dessen, was durch die Veröffentlichung der Missbrauchsfälle in kirchlichen Einrichtungen – Schulen, Internaten, Klöstern, Pfarrhäusern – sichtbar wird. Das entscheidend Verbindende ist nämlich der massive Grenzverlust zwischen Erwachsenen – seien es Eltern, Priestern, Erzieher, Lehrer, Nachbarn oder Ähnliche – und Kindern und Jugendlichen. Dieser Grenzverlust hat viele Ursachen. Eine davon, die tief im Unbewussten der christlich-abendländischen Gedächtnisgeschichte verankert ist, wird in dieser Arbeit thematisiert: die Modellvorstellung davon nämlich, wie eine gelungene Beziehung im Dreieck zwischen Kind und Eltern bzw. den mit der Erziehung und Bildung von Kindern Beauftragten aussieht. Im Modell der »Heiligen Familie«, in der der Vater kein richtiger Vater ist und die Mutter keine richtige Frau, sondern Jungfrau, bilden sich jene ungünstigen Strukturmerkmale ab, die einer reifen Entwicklung der Sexualität im Wege stehen.

Auch in einer anderen Beziehung ist der abwehrende Hinweis auf die Strukturgleichheit von übergriffigen Erziehungs- und Beziehungsverhältnissen im nichtkirchlichen Bereich ganz unpassend, was nämlich die Reaktion der Kirche auf das Öffentlichwerden unzähliger Missbrauchsfälle betrifft. Nur zögernd war sie nämlich bereit, die Opferperspektive einzunehmen, und nur unter dem Druck von Öffentlichkeit und Medien gab sie es auf, die Täter zu schützen. Höhepunkt dieser Verleugnungs- und Vertuschungspolitik waren die Äußerungen eines Kardinals vor Beginn der Ostermesse 2010 auf dem Petersplatz, als er dem Papst dessen Unschuld attestierte und die Anklagen der Öffentlichkeit pauschal als leeres Geschwätz abtat.

Der Soziologe Franz-Xaver Kaufmann rückt das Problem der Kirche in die adäquate Perspektive, wenn er prognostiziert:

»Das gegenwärtige mediale Debakel der katholischen Kirche droht in ein moralisches zu münden. Nicht der Kindesmissbrauch als solcher und erst recht nicht die uns heute teils barbarisch anmutenden und keineswegs typisch kirchlichen Züchtigungsformen sind das moralische Problem der Kirche. Es ist ihre Unfähigkeit, die eigenen pathogenen Strukturen und die Folgen ihrer klerikalen Vertuschung zu erkennen, zu erörtern und daraus die praktischen Konsequenzen zu ziehen« (FAZ, 26. April 2010).

Was der Soziologe als pathogene, also krank machende Strukturen bezeichnet, stellt sich dem Psychoanalytiker als ein Konflikt dar, dem die Dynamik von Wunsch und Abwehr mit den entsprechenden Kompromissbildungen zugrunde liegt. Dieser Konflikt ist die Folge von Traumatisierungen, die verdrängt und abgespalten und auf diese Weise unbewusst gemacht worden sind.

An dieser Stelle ist ein Hinweis darauf nötig, was mit Traumatisierung gemeint ist. Bei den Opfern sexueller Gewalt ist es eindeutig: Hier wurden die körperlichen und/oder seelischen Grenzen eines Menschen, der sich dessen nicht erwehren kann, überschritten. Diese Art von Verletzung gehört zur Gruppe der Traumatisierungen, die durch ein Ereignis oder eine Handlung von außen hervorgerufen werden, die den Einzelnen überschwemmen und seine Abwehr- und Schutzstrukturen gewaltsam durchbrechen. Davon zu unterscheiden sind Traumatisierungen durch Beziehungen, genauer durch den psychischen Grenzverlust zwischen zwei Personen. Dieser Grenzverlust führt dazu, dass ein Anderer – in der Regel Kinder, Jugendliche und Schutzbefohlene – nicht mehr als ein eigenständiges Gegenüber erlebt wird, sondern vom Täter als Teil der eigenen Person behandelt, damit funktionalisiert und für eigene Bedürfnisse ge- bzw. missbraucht wird. Im Falle der sexuellen Gewalt bilden beide Grenzüberschreitungen – die körperliche und die psychische – eine unauflösbare Einheit.

Dieser traumatisierende Grenzverlust hat aufseiten der Täter damit zu tun, dass sie selbst in Beziehungsverhältnissen ohne Grenzen aufgewachsen sind. Kommt es zum Missbrauch zwischen Eltern, Familienangehörigen, Nachbarn, Bekannten, Erziehenden, Vorgesetzten auf der einen und Kindern, Jugendlichen, Schutzbefohlenen auf der anderen Seite, kann man davon ausgehen, dass die verantwortlichen Erwachsenen nicht gelernt haben, ihre Position als Mutter, Vater, Lehrer, Priester, Erzieher usw. einzunehmen und zu bewahren.

Solche unklaren, zu missbräuchlicher und gewaltsamer Grenzüberschreitung neigenden Beziehungsverhältnisse bilden sich auch in der »Heiligen Familie« ab. Diese wird entsexualisiert dargestellt, denn der Vater tritt nicht als der zeugende Vater auf, die Mutter bleibt Jungfrau, der Sohn wird später an die Stelle des Vaters gesetzt und bildet mit der

Mutter ein Paar. Die Psychoanalyse spricht vom sogenannten »ödipalen Dreieck« und meint damit, dass im Beziehungsdreieck der Familie oder anderer Erziehungseinrichtungen klar sein muss, wer welche Position zu besetzen hat, also wer Mutter, wer Vater und wer Kind ist. Dabei ist entscheidend für die psychosexuelle Entwicklung des Kindes, dass dieses das Recht hat, probehalber die Grenzen zu überschreiten, also einen Elternteil auch sexuell zu begehren. Dies wirkt sich in einer für das Kind in einer seine Entwicklung zum sexuellen Mann und zur sexuellen Frau fördernden Weise nur dann aus, wenn die Eltern bzw. Erwachsenen dieses notwendige Begehren des Kindes nicht erwidern, sondern die Grenzen einhalten. Dadurch wird dem Kind ein Raum des Ausprobierens eröffnet, in dem es sich als künftiger Mann oder als künftige Frau erleben kann. Eine förderliche Weiterentwicklung dieser ödipalen Dreieckssituation setzt voraus, dass die Eltern selbst eine stabile Identität als Mann oder Frau entwickelt haben und deshalb darauf verzichten können, das Kind zum Ersatzpartner zu wählen. Sie müssen also unterscheiden können zwischen ihrer Liebe untereinander als Elternpaar und zwischen der Liebe zum Kind. In der sexuellen Funktionalisierung des Kindes durch Erwachsene geht diese Unterscheidung verloren.

Die »Heilige Familie« und damit das Ur-Beziehungsmodell des Christentums bildet jedoch kein solches heilsames ödipales Dreieck, weil der Vater nicht der richtige Vater und kein sexueller Partner der Mutter und die Mutter keine richtige Frau, sondern Jungfrau ist. Dieser im Grundmodell der »Heiligen Familie« nicht gelöste ödipale Konflikt hat sich in der Gedächtnisgeschichte des Christentums in unheilvoller Weise fortgesetzt und so immer wieder zum tragischen Verlust von Grenzen geführt. Dieses Beziehungsmodell wird genauer zu untersuchen sein, da die Kirche ja die Familie als das beste Modell für das Aufwachsen von Kindern propagiert. Deshalb ist es so entscheidend, welches innere Beziehungskonzept dabei Pate steht. Weil das Gefüge der »Heiligen Familie« gestört ist, begleitete der dadurch bewirkte Grenzverlust die Geschichte zumindest des neuzeitlichen

Christentums wie ein Schatten und führte immer wieder zu körperlicher, sexueller und seelischer Gewalt. Wir werden weiter unten noch ausführlicher auf die Bedeutung entgleisender Dreiecksbeziehungen im Hinblick auf körperliche, psychische und sexuelle Gewaltphänomene eingehen.

Der Konflikt zwischen der Sexualität und dem Klerikerideal

Es sind nicht nur die vielen einzelnen Missbrauchshandlungen, sondern auch die Art und Weise, wie die Kirche auf deren Offenlegung reagiert, die die Öffentlichkeit und die Medien zornig reagieren ließen. Viele Menschen spürten offenbar hinter diesem Drama die unbewusste Inszenierung eines alten, nicht gelösten Konflikts. Dieser besteht darin, dass ein unerreichbares Ideal, nämlich das der vollkommenen sexuellen jungfräulichen Enthaltsamkeit, in einen konflikthaften Gegensatz gerät zu gelebter Sexualität. Nicht die sexuelle Enthaltsamkeit ist dabei das Problem, sondern deren ethische Überhöhung, die sich wiederum als eine Abwehr von unbewusst gemachten Traumatisierungen in der Gedächtnisgeschichte des kirchlichen Christentums verstehen lässt, wie noch zu zeigen sein wird. Die Folge dieser idealisierenden Bewertung der Asexualität ist, dass die Verletzung dieses Ideals als Befleckung des eigenen Kleides, also als narzisstische Kränkung, erlebt wird. Sprich: Die Befleckung scheint Papst und Bischöfe mehr zu schmerzen als das Leiden der Opfer von sexueller Gewalt durch Priester.

Diese Einstellung nenne ich im Folgenden das Klerikerideal der Kirche, welches ihre kollektive Identität begründet. Deshalb reagieren die Bischöfe so empfindlich auf die Verletzung dieses Ideals. Die Beschämung über die Beschmutzung des idealen Selbstbildes der Kirche und ihrer Amtsträger ist offensichtlich größer als die Fähigkeit, mit den Opfern zu leiden und gemeinsam mit ihnen die Verletzung zu bearbeiten. Eine solche Aufarbeitung würde erst möglich, wenn die Kirche ihre eigene Wunde spüren könnte, die sich hinter dem Konflikt um Sexualität und klerikales Ideal verbirgt. Dann könnte sie beginnen, daran zu leiden, denn Leiden-Können ist die Voraussetzung für Einsicht, Entwicklung und Heilung. Stattdessen werden die Opfer in fragwürdiger Weise um Entschuldigung gebeten, was wie eine zweite Traumatisierung wirkt, da die Opfer den Tätern ihre Unschuld zurückgeben sollen (Ent-Schuldigung). Oder die Kirche reagiert mit einer weiteren Verschärfung ihrer Ideale und ist bereit, alles zu verfolgen, was dem Ideal entgegensteht. Auf die Idee, dass die Ideale selbst das Problem sein könnten, scheint keiner der Verantwortlichen zu kommen – oder sie trauen sich nicht, ihre wahren Gedanken diesbezüglich zu veröffentlichen.

Die Projektion der Schuld auf den Teufel

Diese Unfähigkeit, auf produktive Weise am eigenen Versagen zu leiden, der Mangel an Einsicht in die eigenen dunklen Seelenanteile und die damit verbundene Neigung, die eigene Schuld nach außen, in andere zu verlegen, zu projizieren, hat in der Geschichte des Christentums eine lange Tradition. Im Schreiben des Papstes an die irischen Katholiken, in denen er die Opfer um Entschuldigung bittet, blieb dieses Schuldeingeständnis deshalb so halbherzig und für die Opfer so wenig überzeugend, weil der Papst die Schuld an der sexuellen Gewalt zunächst eingesteht, sie dann aber dem Teufel als Verursacher des Bösen zuschiebt. Was aber nützt eine Entschuldigung, wenn die eigene Schuld und das eigene Versagen sofort wieder abgewehrt und einer anderen Macht, dem Teufel, zugeschoben werden? Dabei hat die Idee des Teufels zunächst eine wichtige Funktion, soll sie doch verständlich machen, dass es überindividuelle, strukturelle Verhältnisse gibt, die an der je individuellen bösen Tat beteiligt sind. Dieser kollektiv-strukturelle Zusammenhang des Bösen ist in der Erbsündenlehre der Kirche festgehalten. Sie besagt, dass es eine Ursünde (*peccatum originale*) gibt, welche der persönlich zurechenbaren

Schuld vorausliegt. Diese Lehre beruht vor allem auf der biblischen Paradieserzählung (Genesis 2, 4 b-3, 24) und der paulinischen Auffassung von der Sünde des Adam, die auf alle Menschen überging (Römerbrief 5, 12). In Gestalt dieser Lehre hat das Christentum in den ersten Jahrhunderten von Paulus bis Augustinus an dem Paradox von der dem Willen des Einzelnen vorausliegenden Sündenstruktur und dem gleichzeitig erhobenen Anspruch festgehalten, die einzelne Sünde, die infolge dieser Struktur nicht vermieden werden kann, dennoch zu vermeiden.

Mit dieser Auffassung liefert die Theologie einen wichtigen Beitrag zum Menschenbild, indem sie einer konfliktorientierten Sicht der menschlichen Natur Rechnung trägt. Sie verhält sich damit kritisch gegenüber idealistischen Positionen, welche von einem ursprünglichen Gutsein des Menschen ausgehen. Dennoch ist es wegen der augustinischen Spaltung von Seele und Leib zu einem christlichen Sündenabsolutismus gekommen. Diese bezieht sich vor allem auf den Umgang mit Sinnlichkeit und Sexualität und hat sich in diesem Bereich verheerend ausgewirkt. Die strukturellen Zusammenhänge, die zu Fehlentwicklungen führen, gerieten in der Folge aus dem Blick. Stattdessen sollte sich der Einzelne schuldig fühlen. Der Sündenabsolutismus trat an die Stelle der Leidensfähigkeit.

Verstärkt wird diese Spaltung dadurch, dass die Idee eines überindividuellen Bösen personalisiert und verdinglicht wurde. In der Schlange aus der Erzählung von Paradies und Sündenfall (Genesis 2, 4 b-3) sieht man ein Symbol des Teufels, der die Menschen zum Bösen anstiftet. Erlösung von dieser Ur-Schuld kann nur durch eine Erlösung »von außen« – durch Gott – erfolgen, der durch den Tod seines Sohnes die Macht des Bösen besiegt hat. Sowohl von Gott als auch vom Teufel wird in diesem Modell von einer außerhalb gelegenen Wirklichkeit gesprochen. Beide werden personalisiert und eignen sich deshalb vorzüglich als Träger menschlicher Projektion. Auf sie können Wünsche und unliebsame eigene Seelenanteile projiziert werden. Die Annahme des Teufels als einer Person, eines gefallenen

Engels, der den Einzelnen zur Sünde anstiftet, markiert die Position der traditionellen katholischen Glaubenslehre.

Die große Gefahr dieser Personalisierung und Nach-außen-Verlegung (Externalisierung) des Bösen in einen Teufel liegt darin, dass er sich geradezu anbietet, ihm unliebsame Anteile des eigenen Selbst zuzuschreiben. Alles, was das eigene Idealbild stört, kann auf den Teufel verlagert und dort bekämpft werden. Diese Vernebelungstaktik wird noch verstärkt dadurch, dass die Theologie dazu neigt, den Teufel und das Böse zu einem »Geheimnis« hochzustilisieren. Ein beliebtes Beispiel aus der Literatur findet sich in Dostojewskis »Die Brüder Karamasow«. Dostojewski erzählt, wie ein Säugling in den Armen seiner Mutter von einem Schuss aus der Pistole eines Angetrunkenen getroffen und getötet wird. In der Tat mag man zunächst fassungslos vor einem solchen brutalen Verbrechen verstummen. Theologen neigen dazu, solch eine unvorstellbare Tat zum »Geheimnis des Bösen« zu verklären und es damit einer fremden, außerhalb des Menschen waltenden Macht zuzuschreiben. Das bietet zunächst Entlastung, weil man das Böse nicht mehr als Ergebnis menschlicher Verwicklungen und Beschädigungen begreifen muss. Ähnlich verhalten sich viele kirchliche Amtsträger gegenüber den »Untaten« sexueller Gewalt.

Psychoanalytische Aufklärung dagegen versucht, dieses unverständliche Verhalten trotz der Absurdität der Taten aufzuklären. Dabei legt sie unbewusste, neurotische Sinnstrukturen und traumatisierende Hintergründe frei, die eine solche Tat verstehbar machen, was aber keineswegs heißt, dass sie gebilligt oder gar Einverständnis signalisiert werden soll. Die Psychoanalyse weigert sich nur, Zerrformen menschlichen Handelns dadurch zu vergeheimnissen, dass man deren Ursprung im Willen eines Teufels oder einer fremden Außenmacht, also einer Instanz außerhalb des Menschen, ansiedelt und dort bekämpft. Genau das kann der Beitrag der Psychoanalyse zur Aufklärung von sexueller Gewalt sein: das scheinbar Sinnlose, Absurde und Abnorme, die »Untat« nicht zu projizieren oder zu mythologisieren, sondern in das Innere des Menschen und in das Innere der umgebenden Kultur, also ins Christentum, hereinzuholen und sich mit dieser dunklen Seite als »Tat« auseinanderzusetzen.

Eine Voraussetzung dafür ist, die Rede vom Teufel symbolisch und nicht konkret-personal zu verstehen. Der Teufel ist keine Figur außerhalb, sondern ein Selbstanteil der Person. Dies zu sehen setzt die Fähigkeit zum symbolischen Denken voraus, die wiederum das Ergebnis einer reifen psychosexuellen Entwicklung und der Bewältigung des ödipalen Konflikts ist.

Anstatt sich jedoch dem Konflikt um die sexuelle Gewalt als dem verdrängten Eigenen zuzuwenden, wie es im vorliegenden Band versucht werden soll, geht es den Kirchenvertretern um die Verteidigung ihres eigenen Ideals und um die Suche nach Sündenböcken. Als solche dienen die Homosexualität und die sexuelle Revolution der Moderne, insbesondere die sexuelle Emanzipation der 68er Bewegung. Auf keinen Fall soll auf die klerikale Lebensform des Zölibats ein Schatten fallen. Deshalb wird immer wieder darauf hingewiesen, dass man keinen direkten Zusammenhang zwischen Zölibat und Pädophilie herstellen könne und dürfe, denn sonst würde jeder, der sexuell enthaltsam lebt, nach einer gewissen Zeit pädophile Neigungen in sich verspüren oder Kinder und Jugendliche misshandeln.

Diese Argumentation ist zunächst vollkommen richtig, denn ein Leben in sexueller Enthaltsamkeit gibt es auch außerhalb des Christentums in anderen Kulturen, was wiederum zeigt, dass sexuelle Enthaltsamkeit nicht per se perverse Neigungen und neurotische Entwicklungen fördert. So richtig das Argument von der Unschuld des Zölibats als solchem ist, sosehr verdunkelt es den eigentlichen konflikthaften Hintergrund, in den der Zölibat eingebunden ist: Nicht die Lebensform des Zölibats ist das Problem, sondern das narzisstische Klerikerideal, das an dieser Lebensform haftet und eine fragwürdige Belohnung für diejenigen in Aussicht stellt, die sich ihm unterwerfen. Rigide und strenge Ideale blockieren die Entwicklung zu einer reifen Persönlichkeit, die frei ist, Sexualität zu leben oder auf sie zu verzichten. Deshalb zieht das Klerikerideal erwiesenermaßen Menschen an, die keine erwachsene und reife Sexualität entwickeln konnten und folglich auch zum reifen Verzicht nicht in der Lage sind. Dadurch wird die Kirche, was ihre amtliche Hierarchie angeht, zu einem Ort, an dem sich bevorzugt Menschen aufhalten, die aufgrund sexueller Entwicklungsstörungen besonders gefährdet sind. Also weder Zölibat noch Homosexualität haben aus sich heraus eine Affinität zum sexuellen Missbrauch, sondern die Unreife der Persönlichkeit und deren sexuelle Entwicklungsstörung in Verbindung mit der Belohnung, die das Klerikerideal denjenigen in Aussicht stellt, die sich zu dieser Lebensform hingezogen fühlen. Damit zieht die Klerikerkirche gerade die Menschen an, die Probleme haben mit ihrer Beziehungsfähigkeit und ihrer Sexualität. Der strukturelle Zusammenhang zwischen dem Klerikerideal und einer unreifen Sexualität in ihrer spezifisch kirchlichen Ausprägung wird erkennbar, wenn man den Blick auf die prägenden Symbole richtet, die der kollektiven Identität des Klerikerideals zugrunde liegen. In einer Institution wie der Kirche, deren Selbstverständnis sich vor allem in Symbolen ausdrückt, wird besonders auf dieser Ebene manches zu finden sein, was eine unreife sexuelle Entwicklung begünstigt:

- das Ideal der Jungfräulichkeit, welches uns in der Figur der Jungfrau Maria, der Mutter aller Priester, begegnet: Unter Ausklammerung der Beziehung zu einem Partner wird das Ideal der narzisstischen und asexuellen Selbstgenügsamkeit im Madonnenbild hochgehalten;
- das Beziehungsmodell der asexuellen »Heiligen Familie«, in der die Mutter Jungfrau und der Vater kein sexueller Partner der Mutter ist. Es wurde bereits als ein für die psychosexuelle Entwicklung ungünstiges ödipales Dreieck dargestellt;
- das Klerikerideal als kollektives Selbstsymbol der Kirche, welches sozusagen die Verkörperung der Jungfräulichkeit in der Institution darstellt;
- die Verklärung der Unterwerfung, die Heiligung des Gehorsams, die masochistische Leidenssuche und die Entwertung des Irdischen, wie

sie bei den Heiligen und vor allem im Märtyrerideal hochgehalten werden;

- diese gründen letztlich sämtlich im Symbol des gekreuzigten und sich dem Leiden unterwerfenden Christus. Die Deutung seines Todes am Kreuz trägt sadomasochistische Züge; als dessen Leib versteht sich die Kirche.

Um diesen asexuellen und sadomasochistischen Hintergrund, der eine unreife sexuelle Entwicklung begünstigt, geht es mir im Folgenden. Nicht das individuelle Täterprofil eines kirchlichen Pädophilen steht, wie gesagt, im Zentrum meiner Analyse, sondern der konfliktreiche Hintergrund, auf dem sich dieser massenhafte Grenzverlust abspielt. Damit wenden wir uns der kollektiven Ebene zu, auf die die psychoanalytische Sonde der Aufklärung gerichtet werden soll. Es geht um das Unbewusste der Kirche als Ganzes, um das, was in ihrem kollektiven Gedächtnis als Verdrängtes enthalten ist und was sich auf dem Weg der Wiederkehr des Verdrängten in der gegenwärtigen Krise symptomatischen Ausdruck verschafft. Wie jede Symptombildung immer auch einen Weg zur Heilung darstellt, liegt für die Kirche hierin eine Chance, sich von einem neurotischen und krank machenden Teil ihrer eigenen Geschichte zu trennen.

Das große Reinemachen

Einen wichtigen Anknüpfungspunkt für das psychoanalytische Verständnis des unbewussten Konflikts bietet die Reaktion der Kirche nach Bekanntwerden der körperlichen und sexuellen Übergriffe und Vergehen. Nach Kardinal Kasper soll jetzt das »große Reinemachen« beginnen: Die Kirche befinde sich, so Kasper, zwar in einer peinlichen Situation, »aber am Ende des Reinigungsprozesses werde sie überzeugender dastehen als zuvor« (FAZ, 29. April 2010, S. 4). Der Kardinal ist sicher persönlich ein untadeliger Mann, aber mit solchen Sätzen lässt er genau die Einstellung der Kirche erkennen, die eben nicht zur Aufdeckung der Hintergründe führten, sondern zur Vertuschung und sich dabei noch den Anschein des Saubermanns gibt. Darin inszeniert sie nämlich genau jenes rigide Ideal, welches unter anderem zu den Übergriffen führte, wie noch zu zeigen sein wird. Wenn das große Reinemachen sich jedoch auf die Bearbeitung der verborgenen kircheninternen Konflikte und deren Bewusstmachung beziehen würde, wäre diese Ankündigung der Beginn einer heilsamen Entwicklung.

Ein weiteres Beispiel ist die Konsequenz, die der Papst gezogen hat, nämlich straffällig gewordene pädophile Geistliche sofort und ohne die sonst übliche jahrelange Wartezeit in den Laienstand zurückzuversetzen. Als wenn der Täter dadurch weniger gefährlich würde! Es geht offensichtlich auch hier um die Reinhaltung des Priesterstandes. Das Symptom wird mit aller Entschiedenheit bekämpft, nicht aber die Ursachen aufgeklärt, die im Schatten der Vergangenheit liegen. Nicht geistliche Erneuerung im Sinne einer noch strengeren Einhaltung des Ideals, wie sie der Kardinal in Übereinstimmung mit dem Papst fordert, tut Not, sondern Aufklärung über die tieferen Ursachen des Konflikts und Trauerarbeit über ein vergessenes Trauma in der Kirche. Genauso radikal, wie künftig das kollektive Klerikerideal der sexuellen Enthaltsamkeit gelebt werden soll, wird jetzt deren Überschreitung verfolgt. Ich meine, dass in der Rigidität, mit der jetzt das große Reinemachen gefordert, das heißt von Priestern die Einhaltung des Versprechens der sexuellen Enthaltsamkeit verlangt wird, genau jene Atmosphäre der Angst und Einschüchterung fortgesetzt und verschärft wird, die den dynamischen Hintergrund bildet, auf dem es zu den Entgleisungen des Missbrauchs kommt. Sie schafft immer neue Traumatisierungen, die den Boden für wieder neue Konflikte und Entgleisungen bietet.

Das hohe Klerikerideal, wie es im Konzil von Trient (1545-1563) festgeschrieben und auf Dauer gestellt wurde, soll jetzt – mit anderen Mitteln freilich, aber der Struktur nach ähnlich – weiter propagiert werden. In den Seminaren soll die Observanz in der Priesterausbildung jetzt noch größer, die Auswahlkriterien für das Amt mithilfe psychologischer Tests sollen strenger werden. Auch dabei ist die Abwehrhaltung unübersehbar, die sich hinter einer vordergründigen pastoralen Sorge unter der Zuhilfenahme der Psychologie verbirgt. Sinnvoll wäre es, den Konflikt offenzulegen und ihn dadurch zu bearbeiten, dass sich die künftigen Priester mit sich selbst und ihrer Beziehungsfähigkeit, ihrer Sexualität und letztlich auch mit theologisch fragwürdigen Idealen beschäftigen. Stattdessen kündigt Bischof Ackermann, der Beauftragte der katholischen Kirche für den Missbrauch, in der Sendung Reinhold Beckmanns am 26. April 2010 im Fernsehen an, als Konsequenz aus den Missbrauchsfällen würden zukünftig Priester in der Ausbildung geschult, mit Opfern besser umzugehen. Nichts gegen eine solche Schulung, aber sie geht in diesem Fall genau am Problem vorbei. Anstelle dieser pastoralen Sorge um andere wäre hilfreicher eine Aufarbeitung des Konflikts, den die Kirche mit der Sexualität hat. Ziel dieser Aufarbeitung müsste es sein, Einsicht zu gewinnen in die eigene unbewusst gehaltene und unbewusst gemachte Traumatisierung durch die Spaltung von Körperlichkeit/Sexualität auf der einen und narzisstischen Idealen/asexuell-sakralem Leib auf der anderen Seite. Darüber müsste die Auseinandersetzung geführt werden, um endlich die sich nicht schließen wollende Wunde am Leib der Kirche zu heilen. Es scheint allerdings erste Hinweise zu geben, die die Bereitschaft zur Aufklärung erkennen lassen, wenn etwa der Wiener Kardinal Schönborn verkündet, dass man auch vor einem »moraltheologischen Paradigmawechsel« nicht mehr zurückschrecken dürfe (FAZ, 10. Mai 2010), oder wenn von einigen deutschen Bischöfen eine Diskussion über den Zölibat nicht sofort abgeblockt wird.

Die verborgene Destruktivität des Klerikerideals

Wie kann ein Ideal destruktiv sein? Zeugt es nicht von großer moralischer Anstrengung, wenn Menschen ihre Ideale auch zu leben versuchen? Und müsste man die Kleriker nicht mehr unterstützen, dieses Ideal auch leben zu können? So mag sich mancher fragen, wenn er hier mit der Behauptung konfrontiert wird, dass Ideale eine destruktive Energie in sich tragen. Ich versuche im Folgenden deutlich zu machen, worin diese Destruktivität besteht und warum es zu einer reifen Persönlichkeitsentwicklung gehört, Ideale allmählich in eigene Wertüberzeugungen umzuwandeln. Es geht also hier nicht um die Kritik von ethischen Werten, sondern um das Aufdecken von Entwicklungsstörungen. Einige gute Gründe sprechen für die Annahme, dass sich im kollektiven Klerikerideal der Kirche solche Entwicklungsstörungen ausmachen lassen. Diese zu erkennen ist der erste Schritt zu ihrer Überwindung.

Die genannte Destruktivität hängt mit seelischen Spaltungsprozessen zusammen, die sich im Ideal ausmachen lassen. Ähnlich wie in der Physik die Kernspaltung setzt auch die seelische Spaltung zerstörerische Energien frei. Im Klerikerideal zeigt sich die Spaltung in einen asexuellen Leib auf der einen und einen sexuellen Körper auf der anderen Seite. Die Befolgung dieses Ideals wird aber nicht nur den Klerikern abverlangt, sondern es liegt dem universellen Idealbild der Kirche zugrunde. Dieses kollektive kirchliche Selbstbild meine ich, wenn ich von Klerikerideal spreche. Es ist über Jahrhunderte in die tieferen Seelenschichten der Gläubigen eingedrungen und prägt deren unbewusstes christlich-kirchliches Selbstverständnis. Entsprechend der inhaltlichen Ausgestaltung dieses Klerikerideals sehen sich die Kirche und ihre Repräsentanten. Zu diesen verinnerlichten Inhalten zählt vorrangig das Ideal der Jungfräulichkeit, das sich in den beiden zentralen Figuren des Christentums zeigt:

Einmal in der Reduzierung von Maria auf die Madonna, die auf ihren asexuellen Teil als jungfräuliche Mutter verkürzt ist, und dann auf denjenigen Teil des Christusbildes, als dessen Leib sich die Kirche ja versteht, der Jesus als asexuellen Mann vorstellt. Vom Ichideal des asexuellen Leibes geht die Verdrängung von Sexualität und Körperlichkeit aus, die in den Missbrauchsfällen als Dekompensation einer brüchigen Kompromissbildung zwischen Verdrängung und infantilen Wünschen an die Oberfläche kommt.

Nicht dass es Missbrauch durch Kleriker in früheren Zeiten nicht auch gegeben hätte, aber die öffentliche Resonanz und Empörung, die er jetzt auslöst, mutet an wie die Wiederkehr des Verdrängten, das nicht länger unbewusst gehalten werden kann. Die Öffentlichkeit und die Medien übernehmen dabei eine Funktion, wie sie der Psychoanalytiker in der individuellen Behandlung eines neurotischen Patienten übernimmt: Wie er bilden sie einen Resonanzboden für den unbewussten Konflikt, der sich im Wechselspiel von Kirche und Öffentlichkeit inszeniert. Vor allem die Medien arbeiten am Widerstand der Kirche und versuchen, die Abwehrhaltung gegen die Wahrheit Schritt für Schritt aufzuweichen.

Die Öffentlichkeit reagiert beim Missbrauch durch Priester ungleich emotionaler und heftiger als bei anderen Personenkreisen, wie Vätern, Sportskameraden oder Lehrern, weil nur in der Kirche ein solch hohes und überforderndes Ideal den Hintergrund bildet. Offenbar spüren die Menschen, dass die Opfer hier ungleich mehr verletzt werden als beim Missbrauch durch andere, weltliche Personenkreise. Die Traumatisierung durch Priester reicht tiefer und vergrößert das Leiden der Opfer, weil sie von Personen ausgeht, die das Ideal des vollkommenen Vertrauens in eine göttliche Instanz und das Aufgehobensein in einer höheren Macht verkörpern. Die zornige Reaktion der Öffentlichkeit richtet sich auf das klerikale Ideal; die Menschen spüren, dass solche Ideale keine humanen Werte sind, sondern unreife und fehlentwickelte Individuen hervorbringen. Rigide und starre Ideale stammen aus einer frühen Phase in der Entwicklung des Individuums und bilden als solche nicht ins erwachsene Selbst integrierte Relikte aus der Kindheit. Sie transportieren ungelöste Konflikte und die Fixierung auf eine frühere, oft pubertäre oder ödipale Entwicklungsphase ins Erwachsenenleben hinein. Historisch und kollektiv gesehen stammen diese Relikte aus der Frühzeit der Kirche und des Christentums, ja, sie reichen bis in die Zeit der Entstehung des jüdischen Monotheismus zurück, wie noch zu zeigen sein wird.

Der Teufel ist ein Idealist

Die Redensart, dass der Teufel ein Idealist sei, drückt aus, welche zerstörerische und spaltende Energie von solchen Idealen ausgeht. Der Teufel ist ja der Diabolus (von griech. *dia-bállein*, durcheinanderwerfen, entzweien), also der Auseinanderwerfer und Spalter. In der Entwicklung des Menschen sind es vor allem die Triebkräfte, die einem bestimmten Ideal, nämlich dem der Reinheit und Untadeligkeit, im Wege stehen. Die Sexualität ebenso wie die Aggression »beschmutzen« dieses Reinheitsideal: Die durch diese Sicht motivierte Hemmung beider Triebkräfte führt in die neurotische Entwicklung. Die Vermeidung der Aggression führt zu Schuldgefühlen und Blockaden, die sich in depressiver Lebensverweigerung ausdrücken können; die Hemmung und Verdrängung der Sexualität führt zu unbefriedigenden Lösungen des ödipalen Konflikts. Die Folge ist eine Störung in der sexuellen Identität. Es fehlt dann entweder die sexuelle Dimension in der Wahrnehmung und im Erleben oder sie bestimmt alle Lebensbereiche, ohne eine Befriedigung zu bieten. Diese ist oft nur in der masochistischen Unterwerfung und im sadistischen Agieren möglich. Eine gelungene Sublimierung der Sexualität, die auf reifem Verzicht beruht, wird dadurch verhindert.

Sexuellen Konflikten liegt bei kirchlich geprägten Personen in der Regel eine Spaltung zwischen einem geistig-religiösen Ichideal und den triebhaften Wünschen und sexuellen Bedürfnissen zugrunde. Die Reaktion der Öffentlichkeit auf die Missbrauchsfälle und den Umgang der Kirche damit zeigt, dass ebendieser ungelöste Konflikt die Auseinandersetzung aufheizt. Vor allem auf die als Doppelmoral erlebte Haltung der Kirche richtet sich die Aggression der Menschen. Diese Doppelmoral zeigt sich daran, dass seitens der Kleriker die Befleckung des eigenen Ideals ungleich höher bewertet wird als eine verbrecherische Handlung. So ist es den meisten Menschen nicht mehr vermittelbar, dass ein pädophiler delinquenter Geistlicher nur vom Amt suspendiert wird, während geschiedene Wiederverheiratete aus der sakramentalen Gemeinschaft der Kirche ausgeschlossen, also exkommuniziert werden.

Ein weiter zurückliegendes Beispiel dafür, dass der Kirche das Ideal wichtiger ist als die konkreten Menschen, wurde der deutschen Öffentlichkeit geboten, als die amtliche Kirche sich auf Veranlassung des damaligen Papstes Johannes Pauls II. aus dem staatlichen System der Schwangerschaftskonfliktberatung zurückziehen musste, um das »Zeugnis nicht zu verdunkeln«, wie es damals hieß. Dass man in Kauf nahm, viele Frauen in Konfliktsituationen nicht mehr zu erreichen und sich die Zahl derjenigen Frauen, die sich nach einer Beratung womöglich gegen eine Abtreibung entschieden hätten, erhöhen könnte, zählte weniger als die Aufrechterhaltung des im Ideal gründenden Prinzips. Auf den inneren Zusammenhang von destruktiver Aggression und der Aufrechterhaltung eines frühen Ichideals wird noch genauer einzugehen sein.

Die Heiligung der Unterwerfung

Die Entstehung und Unterdrückung des Konflikts zwischen den kirchlichen Idealen und der Sexualität wird noch verstärkt durch die Tugend des Gehorsams, auf der das kirchliche Zusammenleben in der strikten Männerhierarchie beruht. Das Problematische daran ist, dass dieser Gehorsam nicht in einem produktiven Sinne von Achtsamkeit oder Aufmerksamkeit für das Leben, für sich selbst, für andere oder für Gott verstanden wird, sondern als Heiligung der Unterwerfung. Diese trägt deutlich masochistische Züge. Sie entspricht aber nicht dem heilsamen biblischen Verständnis von Gehorsam. Als ursprünglicher Impuls auf der Suche nach Lebensfülle geriet der Gehorsam durch die Übernahme vaterrechtlicher römischer Traditionen ins Christentum und im Rahmen scholastischer Theologie in das Gefüge des mittelalterlich geprägten Ordo-Denkens: Den vielfältigen Ordnungen (lat. *ordo*), der kosmischen, staatlichen, kirchlichen, familiären Ordnung, entsprach ein Gefüge von männlichen Autoritäten, denen zu gehorchen war. Dieses römisch geprägte Modell von Unterordnung wurde im Christentum auf verschiedene Ebenen angewendet und verinnerlicht: Der Leib hat der Seele zu gehorchen, der Geist dem Gewissen, die Sinnlichkeit der Moral, der Mensch Gott, der Untergebene dem Oberen, der Laie dem Kleriker.

Mit dieser Reduzierung des Gehorsams hängt auch eine bestimmte Auslegung des ersten biblischen Dokuments des Gehorsams zusammen, des sogenannten jahwistischen Schöpfungsberichts mit der Erzählung vom Garten Eden, dem Sündenfall und der anschließenden Vertreibung aus dem Paradies. Es herrscht in der Theologie weitgehend die *moralische* Auslegung dieser Urgeschichte des Menschen vor: Ihr zufolge wird die Trennung von Gott durch den Ungehorsam des Menschen, zu dem die Schlange ihn verführt, als Ur-Schuld angesehen. Dieser Ungehorsam gilt als Sündenfall schlechthin und nicht als der heilsame, wenn auch tragische Beginn der Individuation des Menschen. Denn nur durch diesen Ungehorsam wurde der Mensch wissend und erlangte ein Bewusstsein von seiner eigenen Begrenztheit, seiner Sterblichkeit, seiner Differenzierung in Mann und Frau und seiner Nicht-Gottgleichheit.

Mit dieser Bewertung geht die Verleugnung der seelischen und sinnlichen Realität einher: Zentrale psychische Strebungen wie Selbstwerdung, Individuation und Entfaltung der Person geraten in einen Gegensatz zum Gehorsam, obwohl dieser – biblisch gesehen – eine Form der Selbstwerdung bezeichnet, nämlich sich selbst gegenüber gehorsam zu sein, auf die innere Intuition zu achten und das eigene Leben innerhalb der natürlichen Grenzen zu entfalten. Weil aber der kirchliche Gehorsam weitgehend auf der Verleugnung eigener individueller Entfaltungswünsche, vor allem erotischer und sexueller Art, basierte, führte das kirchliche Gehorsamsmodell zu einem spezifisch erotisch geprägten christlichen Masochismus. Dieser begegnet uns in den Darstellungen der Märtyrerlegenden, in denen das Leiden so inszeniert wird, dass die Betrachtung des gequälten Körpers Lustgefühle verschafft. Darauf wird im zweiten Teil dieses Buches noch genauer einzugehen sein.

Die Heiligung der Unterwerfung wird weiter gefördert durch ein bestimmtes Verständnis des Todes Jesu am Kreuz, durch den die Menschheit erlöst ist. Das masochistische Gehorsamsverständnis basiert auf der Erlösungstheologie des Anselm von Canterbury. Der mittelalterliche Theologe hat die Vorstellung vom Sühnetod Jesu und der dadurch ermöglichten Wiederherstellung des paradiesischen Zustands entwickelt und so einem späteren masochistischen Erlösungsverständnis den Weg gebahnt. Denn die Vorstellung des Sühnetods beinhaltet ausdrücklich die Annahme eines sadistischen Gottes, der zu seiner Genugtuung der Unterwerfung des Sohnes bedarf. Der Sohn seinerseits vollzieht dieses Opfer in geradezu masochistischer Weise, um den sadistischen Vater, der den Tod des Sohnes zur Sühne braucht, zu versöhnen.

Dieser Aspekt blinder Unterwerfung steigert sich bis hin zu einer Märtyrer- und Demutsideologie, die das Leben und die innere Haltung vieler Christen prägt und mitunter vergiftet. Es kommt zu einer »Heiligung der Unterwerfung«, die zu einem die christlichen Lebensformen bestimmenden Motiv wurde. Diese Tendenz zur Abtötung des Trieblebens entspringt also nicht einer reifen Sublimierung, das heißt Umwandlung der triebhaften Ausstattung des Menschen, sondern einer abwehrenden Entwertung des Sinnlich-Sexuellen. Dass eine solche Glaubenshaltung natürlich Hass und Aggression auf ebendiesen Glauben und seine symbolischen Repräsentanten fördert, wird verständlich. In der Reaktion der Öffentlichkeit auf die Missbrauchsfälle haben sich diese ablehnenden Gefühle und Einstellungen wieder einmal Raum verschafft.

II. Der traumatische Hintergrund

Die Wiederkehr des verdrängten Konflikts

Meine These, die der weiteren Analyse der Hintergründe der Missbrauchsfälle und ihrer kirchlichen Bewältigung zugrunde liegt, lautet:

Die sexualisierte Gewalt, deren Bekanntwerden und die Reaktion der Kirche auf die Befleckung ihres Klerikerideals sind zu verstehen als die symptomatische Wiederkehr eines nicht gelösten Konflikts zwischen Sexualität und Körperlichkeit auf der einen und narzisstischer Idealbildung und Sakralisierung des Ichs (Ichideal) auf der anderen Seite. Diesem Konflikt liegen vergessene und verdrängte Traumatisierungen an den Wurzeln der jüdischen und christlichen Religion zugrunde. Durch die symbolischen und rituellen Inszenierungen des Christentums in Bildern, Liturgien, Gebeten und Erzählungen wirken sie in einer tiefen, unbewussten Seelenschicht des Einzelnen weiter und entfalten eine destruktive Kraft.

Um diese These zu entfalten, wird das Modell Freuds zur Entstehung von Neurosen herangezogen, das dieser in seiner Schrift „Der Mann Moses und die monotheistische Religion" (1939) auf die Prozesse der Entstehung des Monotheismus in Israel anwendet und damit auf ein kollektives und historisches Phänomen bezieht. Damit hat Freud die Anwendung der Psychoanalyse von der individuellen Behandlung auf den kulturellen, kollektiven Bereich ausgedehnt.

Freud erklärt die Entstehung des neurotischen Symptoms folgendermaßen:

Ein traumatisches Erlebnis wird wegen seiner Unerträglichkeit verdrängt und führt zu einem Konflikt, der durch Verdrängung oder Ver-

leugnung unbewusst gemacht wird. In der Verdrängung bleibt das Erlebnis latent vorhanden, ohne die Lebensführung des Individuums weiter zu stören. Schließlich kehrt das Verdrängte wieder, wenn die Kompromissbildung nicht mehr trägt.

Wie bei der individuellen neurotischen Erkrankung ist der Kontext der Situation zu beachten, in der das Symptom auftritt Dieser besteht in unserem Fall offenbar in einer Zeitsituation, in der die Sexualitätsauffassung der katholischen Kirche mit der modernen Gesellschaft nicht mehr vermittelbar ist. Die Kirche reagiert mit Rückzug und Angst vor Bedeutungsverlust, die aber nicht konstruktiv bearbeitet wird, sondern defensiv zur Verschanzung hinter mittelalterliche Positionen führt. Dementsprechend äußerte sich der Essener Bischof Overbeck in Anne Wills Fernsehsendung zum Thema »Homosexualität ist Sünde!« Auf die empörte Frage nach einer Begründung folgt der Satz: »Weil Gott das so will!«

Um die unbewusste Dynamik zu verstehen, die zu fundamentalistischen Positionen, zu unreifer Sexualität und zu gestörten Persönlichkeiten führt, die wiederum zu Grenzverlust, Funktionalisierung Anderer für eigene Bedürfnisse, Missbrauch und Gewalt neigen, müssen wir weit zurückgreifen in die Geschichte des Christentums und der Kirche. Dort finden wir Spaltungsprozesse, die bis heute ihre destruktive Energie freisetzen. Wir versuchen zunächst die Spaltungsprozesse zu beschreiben, um dann zu den dahinterliegenden Traumatisierungen vorzudringen. Dazu decken wir das in den Anfängen des Christentums verborgene Trauma auf, das zu den späteren Spaltungen in ein hohes narzisstisches Ideal (asexueller Leib) und einen wegen seiner Triebbedürfnisse verteufelten (physischen) Körper geführt haben.

Eine solche Spaltung wurde mit dem bereits erwähnten tridentinischen Konzil im 16. Jahrhundert endgültig besiegelt und spiegelt sich in der Spaltung des Kirchenvolks in Kleriker und Laien wider. Die zölibatäre Lebensform, die höher bewertet wurde als die eheliche, bekam ihre bis heute gültige Gestalt. Es entstanden die Priesterseminare, wo die angehenden Kleriker wie Mönche lebten und wo das Ideal der Askese in Enthaltsamkeit, Gehorsam und Armut eingeübt wurde. Eine ursprünglich charismatische Lebensform zölibatären Lebens, die auch in anderen Religionen anzutreffen ist und als solche durchaus eine menschliche Lebensmöglichkeit darstellt, wurde so zur amtlich vorgegebenen, einzig möglichen klerikalen Lebensweise. Ausgestattet wurde der Kleriker mit Attributen und Verhaltenspflichten, die die Abspaltung des sexuellen Körpers vom klerikalen Leib unterstützten: die tägliche Messfeier, die Buß- und Beichtpraxis, die klerikale Kleidung, das Brevier, die Abtötung der Triebe durch Askese und Selbstgeißelung, die Einbindung in eine feste Hierarchie und vor allem die Gewissheit, durch die Weihe eine ontologische Umwandlung vollzogen zu haben. All dies begünstigte die Entwicklung eines vom irdischen Körper abgetrennten Ichideals.

Die Spaltung des Körpers, der gestörte Narzissmus und der Verlust des Anderen

Hier, in der tridentinischen Domestizierung des Priesters zum Kleriker, vollzog sich eine tragische und weitreichende Spaltung: Der geweihte Körper des Klerikers wurde als asexuelles Ideal vom sexuellen Körper abgetrennt. Das Fatale ist, dass in diesem »Zweikörpersystem« (Heiner Mühlmann im Feuilleton der FAZ, 27. April 2010) der symbolische und der physische Körper keinen Kontakt mehr miteinander haben. Der ideal-narzisstische (symbolisch-sakrale) und der sexuelle (physische) Körper stehen nicht in einer polaren Beziehung, sondern in einem gegnerischen Verhältnis. Weil der Körper dadurch seine Lebendigkeit verliert und zu einem leblosen Ding wird, wird er gehasst, verfolgt und vernichtet. Er soll nicht zum idealen Selbst gehören und wird als Fremdkörper von diesem geschieden. Diese Dissoziation findet sich in den Bildern von Hieronymus Bosch (vgl. *Abb. 1*) und auch von Salvador Dalí, in denen die einzelnen Körperteile sich vom Ganzen getrennt haben und wie entseelte Einzeldinge erscheinen.

Abbildung 1: Hieronymus Bosch, Der Garten der Lüste (1500), rechter Flügel – Die Hölle (Ausschnitt) FOTO: BPK/JOSEPH MARTIN

Im Missbrauch wird der entseelte und verdinglichte Körper auf andere projiziert: Der Andere verliert seine Würde und Eigenständigkeit und wird so behandelt wie der eigene, seiner Lebendigkeit beraubte Körper. Gleichzeitig hofft der Täter, im missbrauchten Körper des Anderen etwas von der eigenen Lebendigkeit (wieder) zu finden. Wegen dieser Spaltung wird der Andere auch nicht als getrennter Mensch mit eigenen Grenzen und Rechten erlebt, sondern wie ein Teil des eigenen Selbst, und zwar wie der eigene, unbelebte und deshalb gehasste Selbstanteil. Im Anderen wird die erhoffte Verlebendigung und Befriedigung des unterdrückten Trieblebens gesucht. Für diese missbräuchliche Funktionalisierung wird der schutzbefohlene Andere als Kind oder Jugendlicher seiner Ganzheit und Integrität beraubt und schwer traumatisiert.

Der Grund für die Verteufelung und Abspaltung des Sexuellen liegt darin, dass Trieb und Sexualität das Ideal des unbefleckten Klerikerkörpers bedrohen. Diese Angst vor Befleckung des Körperideals, dessen Träger der Kleriker ist, wird nun zum zentralen Motiv im verfolgenden Umgang mit der Sexualität und zur Ursache für unkontrollierte Triebdurchbrüche sowie Gewaltanwendung. Dies macht auch das Vertuschen und Beschwichtigen verständlich, welches die erste und spontane Reaktion der Kirche beim weltweiten Bekanntwerden der Fälle sexuellen Missbrauchs kennzeichnete. Das Ideal des Klerikers muss auf jeden Fall geschützt werden; es rangiert weit vor der Sorge um die Opfer. Auch die zögerliche Akzeptanz der Kirche in Deutschland, das weltliche Strafrecht vor das kirchliche Eigenrecht zu stellen, gehört zu jenen Techniken der Vertuschung und Reinhaltung, der sich offenbar Institutionen bedienen, die die Spaltung von sexuellem und asexuellem, von realem Körper und sakralem Leib kennzeichnen.

Diese Spaltung des leibseelischen ganzen Körpers in zwei Teile geschieht aus Gründen, die dem eigenen Narzissmus geschuldet sind. Die Symbolgeschichte zur Bedeutung und Entstehung des Narzissmus findet sich im außerchristlichen Bereich, in den »Metamorphosen« des römischen Dichters Ovid:

Der Jüngling Narziss entdeckt eine noch unberührte Quelle, in der er seinen Durst stillen will. Als er aus ihr trinken will, entsteht in ihm ein anderer, seelischer Durst, als er nämlich im Wasser sein eigenes Bild erblickt und sich in dieses verliebt. Dieser Durst besteht im Bedürfnis nach Spiegelung der eigenen Person und nach Resonanz auf die eigenen Bedürfnisse und Wünsche.

Dieses Spiegelungsbedürfnis durch den Anderen ist bei Narziss enttäuscht worden. Er hat eine traumatische Vorgeschichte, denn er ist kein Kind der Liebe, sondern wurde bei einer Vergewaltigung gezeugt. Sein Vater, der unstete und grenzenlose Flussgott Kephissos, bemächtigt sich nach Lust und Laune der Nymphe Leirope, die selbst ein verspieltes Ding ist, eher eine Lolita als eine erwachsene Frau. Ihr Kind war eine willkommene Abwechslung, eine Art Spielzeug, dem sie keinen Halt und keine Resonanz geben konnte. Später verliebt sich die Nymphe Echo in Narziss, er aber – beziehungsunfähig, kalt und nicht fähig, mitzuschwingen – konnte ihre Liebe nicht erwidern. Sie schwand aus Gram dahin, nur ihr Echo blieb zurück – und Narziss bleibt allein.

Narziss ist ein traumatisierter Mensch. Seine unreifen Eltern leben im Fluss, sind gleichsam ohne feste Grenzen und können deshalb ihrem Kind keinen stabilen emotionalen Halt geben. Dieser Mangel an Sicherheit und Resonanz macht ihn unfähig, die Liebe der Nymphe Echo zu erwidern. Bei ihr hätte er die Resonanz auf seine Person hin finden können, die ihn stark und einfühlsam auch sich selbst gegenüber gemacht hätte, sodass er seinen physischen Körper hätte lieben können und folglich zur Beziehung mit anderen fähig geworden wäre. Die ihn als Kind missachtende und funktionalisierende Beziehung der Eltern zu ihm am Anfang seines Lebens jedoch verursachte die Wunde, die in ihm nicht heilen kann. Narziss liebt nur deshalb allein sich selbst und sich selbst im Anderen, weil er zu wenig geliebt wurde. Daher bezeichnet »Narzissmus« also zunächst das berechtigte Bedürfnis nach Spiegelung und Resonanz und erst in einem zweiten Sinn den Mangel an beidem, der zu einer Selbstbezogenheit führt, die den Anderen aus dem Blick verliert. In diesem zweiten Sinne umschreibt der Narzissmus also ein pathologisches Phänomen.

Die Geschichte des Ovid hat Dichter und Philosophen immer wieder beschäftigt, hat sie doch die folgenreiche Verwechslung von Ich und Anderem und damit einen Teil der Missbrauchsdynamik zum Thema. Wer den Anderen sieht, erblickt zunächst sich selbst in diesem. Und gleichzeitig erfährt er, dass er nicht da ist, wo er sich sieht: Sein Ich ist eine Illusion, weil das Ich ein Anderer ist, wie es Jacques Lacan in seinem bekannten Wort »Ich ist ein anderer« ausgedrückt hat. Die Kulturarbeit der Menschheit besteht in dieser Perspektive eben darin, dem Einzelnen zu helfen, die Illusion des Spiegels zu durchschauen, um so ein realistischeres Bild von sich selbst und von den Anderen zu gewinnen. Dabei sieht sich das Individuum aber inneren Kräften ausgesetzt, die die Differenzierung von Ich und Du rückgängig machen, um in den Zustand des harmonischen Einsseins mit sich selbst zurückzufallen. Das Spiegelbild des eigenen Ichs ist dabei als Abkömmling des frühen Bedürfnisses nach paradiesischer Ungeschiedenheit zu verstehen. Die Quelle, aus der Narziss trinkt, liegt unberührt in einer idyllischen Gebirgslandschaft, dem Garten Eden vergleichbar. Der Feind dieses paradiesischen Zustands des Einsseins ist zunächst der eigene Körper mit seinen Bedürfnissen, Trieben und Spannungen. Diese machen dem Einzelnen bewusst, dass er nicht mehr im Paradies, sondern in der begrenzten Welt der Realität, das heißt in der Welt der Bedürfnisse und Enttäuschungen lebt. Diese triebhafte Welt wird im Mythos von Narziss nicht produktiv bewältigt, vielmehr wird das Bedürfnis des physischen Körpers, zu trinken, umgewandelt in den narzisstischen Wunsch, mit dem eigenen körperlosen Spiegelbild eins zu werden. Das bedeutet, den triebhaften Körper zu verleugnen, wie es im Ichideal geschieht.

Gelingt es aufgrund von Versagungen und Traumatisierungen nicht, den physischen Körper mit dem Spiegel-Körper zu vereinigen, dann müssen beide Körper gespalten werden. Der eigene Körper wird gehasst, das körperlose Ichideal, wie es im Spiegel erscheint, wird geliebt. Das so dissoziierte, gespaltene Subjekt kann weder sich selbst noch den Anderen als Einheit erleben. Durch die Projektion dieses idealisierten, körperlosen Selbstanteils auf den Anderen wird dieser seiner eigenen Körperlichkeit beraubt. Im sexuellen oder gewaltsamen Zugriff auf ihn wird der Andere in seiner Ganzheit zerstört. Er wird wie der Täter zu einem gespaltenen Individuum. In dieser Weise traumatisierte Menschen geben dann ihrerseits die nicht heilen wollende Wunde weiter. Opfern und Tätern körperlicher und sexueller Gewalt ist diese Wunde gemeinsam, und sie verbindet sie. Im christlichen Zusammenhang hat diese Wunde sich im kollektiven Identifikationssymbol des gekreuzigten Christus und dessen hingerichteten Leibes eingraviert.

Diese Wunde schmerzt bei den Missbrauchsopfern im kirchlichen Kontext umso mehr, je bedeutsamer der Täter und seine soziale Position für das Opfer sind. Denn die herausgehobene Stellung des Täters, wie sie bei einem Geistlichen gegeben ist, verschärft die Traumatisierung. Kinder und Jugendliche glauben, durch Unterwerfung und Anpassung an eine solche ideale Figur an seiner Größe, Vollkommenheit und Auserwähltheit Anteil zu erhalten. Das Opfer ersetzt sein eigenes Ichideal durch ein idealisiertes Objekt, dem es sich durch kritiklose Zuwendung unterwirft. Dieses narzisstische Begehren ist für Kinder ein notwendiges Entwicklungsstadium; sie haben ein Recht, andere zu idealisieren, ohne dass sich daraus ein Recht auf Erwiderung durch Erwachsene ableiten ließe. Dieses Recht von Kindern wird von denen missachtet, die ihnen eine Mitschuld oder Mitverantwortung am sexuellen Übergriff zuschreiben. Darin zeigt sich, dass der Täter den Anderen als Anderen nicht anerkennen kann, weil er selbst von sich kein Bild als einem ganzen Menschen aufgebaut hat, der aus Körper, Geist und Seele besteht. Weil er selbst gespalten ist, beraubt er den Anderen seiner Ganzheit und leibseelischen Einheit und macht ihn sich im Missbrauch gleich.

Dieser massive Grenzverlust ist die Folge eines entgrenzten Selbst, in dem Körper, Seele und Geist keine kommunizierende Einheit bilden konnten. Diese pathologische Dynamik der Täter-Opfer-Beziehungen in Missbrauchsfällen wird durch die Diagnose schwerer Persönlichkeitsstörungen wie Borderline- oder narzisstische Störungen abgedeckt, wie sie in allen Schichten der Bevölkerung vorkommen. Der Fokus ist hier jedoch auf den besonderen Zusammenhang zu richten, der zwischen dem kollektiven Klerikerideal der Kirche und der individuellen Fehlentwicklung besteht. Die Symbolik der Kirche mit ihrem gespaltenen Körperideal bietet sich als Identifikationsobjekt an, welches die Entwicklungsstörungen nicht nur begünstigt, sondern ihnen auch noch eine besondere Weihe verleiht.

Die Verteufelung des Sexuellen durch eine Höherbewertung des Ideals der asexuellen Jungfräulichkeit war in der erwähnten tridentinischen Reform zunächst als eine Art Heilungsversuch gedacht, als katholische Antwort auf die Reformation, die der Kirche und ihren Vertretern Verfall der Sitten, Zügellosigkeit und Verweltlichung vorwarf.

Aufs Ganze gesehen mutet die Installation des Klerikerideals durch das Konzil von Trient wie eine Kompromissbildung an, die infolge der Erschütterung der Kirche durch die Reformation notwendig wurde. Einerseits sollte dadurch eine Erneuerung stattfinden, andererseits wurde durch die strenge Befolgung des Ideals der Boden für das weitere Fortbestehen des Konflikts bereitet.

Entstehung und Funktion des Ichideals

An dieser Stelle muss man sich klarmachen, welche Funktion die Bildung eines Ideals hat. Zunächst zum Sprachgebrauch: Ein Ideal ist etwas anderes als ein Wert. Während dieser auf bewussten Überzeugungen, Haltungen und Entscheidungen beruht, hat das Ideal eine Abwehrfunktion gegenüber Versagungen und Verletzungen, die die Realität für einen Menschen mit sich bringt.

In der individuellen Entwicklung sind im Ichideal die Erfahrungen des frühen Enthaltenseins im Leib der Mutter und in der Obhut der Eltern aufbewahrt. Dieses innere Bild schützt vor den Versagungen des Lebens außerhalb dieses schützenden Raumes; es enthält die Erfahrung der harmonischen und konfliktfreien Verbundenheit mit einem primären, mütterlichen Universum, wie sie bereits in den vorgeburtlichen Erfahrungen grundgelegt sind – Erfahrungen, die sich in den Vorstellungen vom Paradies als eines Zustands der relativen Konfliktlosigkeit widerspiegeln.

Die Erfahrung der vorgeburtlichen Zwei-Einheit bildet gleichsam die Grundlage des Bedürfnisses nach einem Zustand, der nicht durch die Realität eines Außen gestört wird. Für den Fötus besteht eine in sich geschlossene konfliktfreie Welt, in der die somatischen Quellen des absoluten Wohlbehagens, des Narzissmus, zu suchen sind. Dieser vorgeburtliche Gleichgewichtszustand basiert auf einer organismischen Rundumversorgung, die sich aus dem lückenlosen Austausch zwischen der Mutter und dem ungeborenen Kind ergibt. Diese Befriedigung »fühlt« der Fötus jedoch nicht, er lebt vielmehr aus sich und führt aufgrund weitgehend fehlender Triebspannungen ein subjektiv unkörperliches Dasein, obwohl er objektiv Körper ist. Die Tendenz zum körperlosen Zustand kann man als Aktivierung der Ur-Schicht des Ichideals verstehen.

Freud hat in seiner Schrift »Massenpsychologie und Ich-Analyse« (1921) dargestellt, wie vor allem in totalen Organisationen wie Militär und Kirche eine fremde Person, eine Leitfigur oder eine Symbolgestalt, an die Stelle des Ichideals tritt. Diese Identifizierung erlaubt dem Einzelnen die Fantasie des Aufgehobenseins in einer umfassenden schützenden und nährenden Instanz. Aus diesem Vorgang der Ersetzung des individuellen Ichideals durch eine Instanz außerhalb bezieht der Vorgang der Massenbildung seine Dynamik. Das Zusammenfallen der individuellen Ichideale mit dem kollektiven Ideal bewirkt weiterhin, dass die Einzelnen nun untereinander verbunden sind über die wechselseitigen Identifizierungen, denn jeder Einzelne ist jetzt Träger und Repräsentant des kollektiven Ideals.

Diese von Freud beschriebene Dynamik wirkt besonders in der Institution Kirche. Die Kleriker sind als einzelne Individuen mit dem kollektiven Ideal identifiziert, repräsentiert durch Papst und Bischöfe, aber mehr noch durch Symbolfiguren wie Christus, Maria und die Heiligen. Diese Ideale leben einerseits von der völligen Identifikation, andererseits von der Abspaltung des Körperlich-Sexuellen aus dem Selbstbild dieser Figuren. Wegen der umfassenden Identifikation, gefördert durch die Heiligung der Unterwerfung, kann man die Kirche als eine totale Institution betrachten, die keine Teilidentifikation kennt, auch wenn diese immer wieder von Theologen gefordert wird. Sie wäre eine heilsame Bewegung, weil in ihr Ambivalenz zum Tragen kommt. Wer Ambivalenz erträgt, leidet immer auch an etwas und verzichtet damit auf die Gratifikation des kollektiven Ideals. Er wird freier und unabhängiger. Wegen der Abspaltung des Sexuellen aus den kollektiven Leitbildern gerät die Kirche zu einer eingeschlechtlichen Institution, wodurch wiederum die Tendenz zum Totalen gefördert wird.

Weil sich alle Kleriker mit dem kollektiven, symbolisch repräsentierten Ideal identifizieren (sollen), entsteht jenes unsichtbare Band, welches dem Einzelnen das erhebende Gefühl der Zughörigkeit und Auserwähltheit gibt und durch das die Kirche in ihrer amtlichen hierarchischen Gestalt oft an eine Art Männerbund erinnert. Die Prozesse der Totalidentifikation, der Vermeidung von Ambivalenz und Mehrgeschlechtlichkeit freilich sind weitgehend unbewusst. Deshalb wirkt diese Dynamik auch dann, wenn sie von manchen fortschrittlichen oder liberalen Klerikern bewusst abgelehnt wird. Diese Ablehnung bezieht eine narzisstische Gratifikation daraus, sich von dieser Gruppe abzugrenzen, obwohl man zu ihr gehört.

Ein besonderes Merkmal solcher Männergesellschaften ist ihre Verbindung mit der Gewalt. Beim Militär ist es die Gewalt der Waffen, bei der Kirche die Gewalt der reinen Lehre, die Macht der erzeugten Schuldgefühle bei Abweichung und der Mechanismen der Exkommunikation und Verteufelung derjenigen, die sich dem strengen Ideal nicht unterwerfen. Um diesen Zusammenhang geht es im Weiteren.

Religion, Narzissmus und destruktive Aggression

Am eindrücklichsten ist der Zusammenhang von Religion, Narzissmus und Aggression von Béla Grunberger herausgearbeitet worden, einem inzwischen verstorbenen deutsch-ungarischen Psychoanalytiker. Zum Begriff Narzissmus muss noch gesagt werden, dass er über den direkten psychologischen Sinn hinaus einen frühen Seinszustand des Menschen erfassen will und deshalb kein moralischer oder empirischer Begriff ist. Im allgemein menschlichen Bedürfnis nach Einswerden und Rückkehr in den Zustand der konfliktfreien Undifferenziertheit erkennt Grunberger den Boden, auf dem Gewalt und Destruktion entstehen.

Um diesen Zusammenhang von narzisstischen Paradieseswünschen und gewaltbereitem Hass in der Religion zu verstehen, ist es nötig, in wenigen Strichen die Entwicklungsgeschichte des Narzissmus etwas ausführlicher zu skizzieren. Wie bereits ausgeführt, wurzelt der Narzissmus im Zustand vor der Geburt, wie er sich in Bildern und Vorstellungen vom ursprünglichen Paradies am Beginn der Menschheit ausdrückt. Dieser pränatale Zustand bildet eine in sich geschlossene konfliktfreie Welt, in der die körperlichen Quellen des absoluten narzisstischen Wohlbehagens zu suchen sind. Bereits in dieser frühen Phase weist der Narzissmus zwei Seiten auf: der positive Narzissmus der Ganzheit und der Vollkommenheit, der ohne Trieb und Realität auskommt und in dem spätere Fähigkeiten wie Zuversicht, Gelingen und Selbstgenügsamkeit wurzeln. Daneben existiert der negative Narzissmus. Er ist die Kraft, die alle das Wohlbehagen störenden Hindernisse verfolgt und beseitigen will. In ihm wurzeln Allmachtsfantasien und die Wut gegenüber der das Wohlbehagen störenden Realität. Dieser negative, destruktive Narzissmus bedient sich der triebhaften Aggression, um das Störende zu beseitigen, um den Zustand der Harmonie aufrechtzuerhalten bzw. wiederzugewinnen.

Mit der Geburt ist der Säugling gezwungen, aus der von Trieb- und Körperspannungen freien Welt des Mutterleibes herauszutreten und die Gegebenheit materieller körperlich-triebhafter Ausstattung anzuerkennen. Der positive und der negative Narzissmus nehmen jetzt ihren Kampf auf. Zunächst sorgt die Mutter durch ihre Präsenz dafür, dass der geburtliche Absturz des Säuglings nicht in die Katastrophe führt. Eine liebevolle und einfühlsame Beziehung der Mutter zu ihrem Kind erlaubt es diesem, den jähen Verlust der vorgeburtlichen Umhüllung einigermaßen glimpflich zu überstehen. Die Mutter wird vom Säugling (in der Fantasie) mit all den Qualitäten ausgestattet, die dem Leben vor der Geburt entsprechen, sodass man von einem Idealbild sprechen kann. Es ist ein virtueller Raum, der zwischen Mutter und Kind entsteht, eine Zweieinheit, in der Trennung und Verbundenheit gleichermaßen existieren, ein von innen nach außen verlagerter Uterus. Dieser Raum hat die Funktion, das hilflose Kind zu schützen und sein Wachstum zu sichern. Diesen Raum bezeichnet Grunberger als »Monade«. Gemeint ist eine im Unbewussten aufgehobene Vorstellung von der nachgeburtlichen Fortexistenz des pränatalen Narzissmus als eines idealen Zustands. Die Funktion der Monade wird später von Objekten der Kultur übernommen. Sie begegnet uns etwa in der Idee des imaginären Begleiters, wie er in der Gestalt des Tieres in Märchen auftaucht, im Schutzengel oder der Vorstellung vom Aufgehobensein in einer höheren Macht (Gnade) in der Religion, aber auch in der Identifizierung mit charismatischen Persönlichkeiten oder narzisstisch besetzten Idealen. Das Klerikerideal ist ein solcher Abkömmling der Monade. Schon die Monosexualität der Klerikergruppe macht die Verbindung mit diesem frühen, undifferenzierten Zustand deutlich.

Das im Narzissmus wurzelnde Bedürfnis nach Undifferenziertheit, Einheit und Harmonie hat aber auch eine Gewalt und Destruktion hervorbringende Seite. Die Aggression ist die Folge der Kränkung über die Realität, die dem Narzissmus widerspricht. Je stärker die narzisstischen Wünsche nach Umhüllung, Einheit, Konfliktfreiheit und Enthaltensein, umso bedrohlicher wird deren Fehlen oder Ausbleiben erlebt. Um das narzisstische Universum zu retten, wird es gespalten. Alles, was dem Idealzustand im Wege steht, vor allem die Realität und die Triebe, werden mittels Aggression gespalten, verfolgt und zerstört. Im Falle der Reifung vermischen sich beide Komponenten, sodass die Aggression gemildert wird. Reifung bedeutet in diesem Fall, dass das Verlangen nach dem idealen Zustand aufgegeben und die Ambivalenz ertragen werden kann, was so viel bedeutet, wie ein »Entweder-oder« in ein »Sowohl-als-auch« zu verwandeln.

In kulturanalytischer Perspektive stellt Grunberger nun eine Verbindung her zwischen dem Christentum und der durch die Kränkung des Narzissmus entstehenden destruktiven Aggression. Er unterstellt dem christlichen Glauben, die Wiederherstellung des reinen Narzissmus in Aussicht zu stellen, indem die Christusfigur als Identifikationssymbol präsentiert wird, welche ihrerseits dem reinen Narzissmus entspricht, der von allem Triebhaften gereinigt, asexuell und göttlich ist. Insofern symbolisiert die Christusfigur das Ideal der Vermeidung ödipal-triebhaften Begehrens. Es fällt nicht schwer, im Klerikerideal einen Abkömmling dieser Christusfigur zu erblicken. Im theologischen Deutungskontext setzt Christus sich an die Stelle des Vaters, was psychoanalytisch heißt, dass er ihn als den »Dritten« ausschaltet. Es liegt also der Fall eines nicht aufgelösten ödipalen Konflikts vor. Dieser ist erst dann gelöst, wenn der Dritte in seinen Rechten – hier also die des Vater in Bezug auf die Mutter aus der Perspektive des Sohnes – respektiert und der Wunsch, an seine Stelle zu treten, aufgegeben wird.

Genau diese Lösung wird in der christlichen Erzählung umgangen, denn Christus setzt sich an die Stelle des Vaters und bemächtigt sich seiner. Für Grunberger liegt darin ein Grund, warum sich im Christentum Hass auf die Juden entwickeln konnte, da diese einen »ödipalen« Gott vertreten, dessen Rechte und Grenzen zu akzeptieren sind. Auf diese religionspsychologisch sehr provozierenden Thesen Grunbergers soll und kann hier nicht weiter eingegangen werden. Vielmehr möchte ich auf die Hassbereitschaft und Aggression eingehen, die im Missbrauch durch Kleriker und im Umgang mit dessen Bekanntwerden auftreten und die hier als Folge des ungelösten Konflikts zwischen dem Ichideal und der Realität des Begehrens gelesen wird. Das biblische Modell der Spaltung und der Vernichtung anderer als Folge der Rettung des Ichideals wird in der Apokalypse des Johannes beschrieben.

In der Apokalypse begegnen sich zwei Welten, die durch Spaltung voneinander getrennt werden. Einer reinen und guten himmlischen Welt (Ichideal) wird eine stinkende und böse Höllenwelt (Triebe) gegenübergestellt. Diese Spaltungen setzen in dem Moment eine ungeheuerliche Destruktivität frei, in dem solche gespaltenen Reinheitsvorstellungen mit religiös-politisch Visionen wie der eines »Tausendjährigen Reiches« verbunden und zum politischen Programm werden. Der aggressive Vernichtungswille gegen Babylon (Apokalypse 18, 7 f.; 21-24) lässt sich als Folge jener Spaltung verstehen, die der Autor zwischen den Verlorenen und den Geretteten errichtet (ebd. 19, 19-21; 20, 11-14). In den Bildern der Apokalypse, in denen das Endgericht beschrieben wird, geschieht die Scheidung durch eine Purifizierung der Geretteten, die als die Reinen in weißen Gewändern auftreten und in Unmittelbarkeit zu Gott leben. Man könnte glauben, hier werde ein klerikales Zeremoniell vorgeführt. Dieser hervorgehobenen Reinheit des Ideals entspricht eine äußerste Aggressivität, mit der Abweichende verfolgt und ausgeschlossen werden. Sie alle werden verbannt in einen Pfuhl von Schwefel, dessen Rauch ewig an denen vorbei aufsteigt, die das Halleluja singen. Alles, was die Reinheit bedroht, wird auf die andere Seite projiziert, wodurch die Spaltung aufrechterhalten wird. Der Preis der Reinheit – und das ist das Fatale – ist die Bereitschaft zur Zerstörung der Anderen. Christus selbst und die himmlischen Heere führen dieses Werk aus, sodass Christus als Vertreter des reinen Narzissmus erscheint, in dem die spaltende und zerstörende Aggression wirksam ist.

In dieser Spaltungstendenz kann man zugleich ein gruppendynamisches Gesetz der frühchristlichen Gemeinden erkennen. Die Gruppe der Christen schließt alles Störende und Differenzierende aus und folgt einer allmächtigen, alle zu Kindern machenden Mutterfigur (dem Himmlischen Jerusalem), was zunächst zu einem Gefühl von Vollkommenheit und Glückseligkeit führt. Das väterliche Prinzip, das auf Unterscheidung beruht, wird ausgeschlossen und vernichtet. Die Aufhebung dieser Differenz lässt sich verstehen als eine Reaktion auf die apokalyptische Angst, die ursprüngliche narzisstische Glückseligkeit des Paradieses verloren zu haben und in einer Welt der Unterschiede, Triebe und Konflikte leben zu müssen. Reale Traumatisierungen durch Verfolgungen der Christen bilden wohl den sozialen Hintergrund für die Heftigkeit dieser regressiven Paradieseswünsche. So gesehen steht das »Himmlische Jerusalem« für die Sehnsucht nach dem mütterlichen Halt in einem bedrohlichen Umfeld. Als eine in den Himmel projizierte Mutterfigur wird die himmlische Stadt zum Symbol für das Ichideal, indem alle illusionären narzisstischen Wünsche nach Harmonie, Versorgung und Einheit aufgehoben sind. In der einheitlichen Welt des Himmlischen Jerusalems werden deshalb auch alle Unterschiede aufgehoben, die zwischen Mann und Frau, zwischen Leben und Tod, zwischen Mensch und Gott bestehen. In diesem regressiven Sog zur Vereinheitlichung entsteht eine Welt, in der alle gleich sind – »von hinten« her gesehen. Diese Aufhebung der sexuellen Unterschiede besorgt Luzifer. Die Hölle wird zum Ort, an dem alle Differenzen durch Feuer eingeebnet werden. In ihr befinden sich jene Gestalten, welche für die Projektion der menschlichen Aggressivität als Folge des Wunsches nach einer geschlossenen und reinen Welt herhalten müssen. Die monosexuelle Klerikerhierarchie der Kirche, in der die Männer unter sich sind und noch einmal entsexualisiert werden, spiegelt genau diese teuflische und Gewalt erzeugende Entdifferenzierung wider, die das narzisstische Ichideal hervorbringt und die den Nährboden bildet für unreife Persönlichkeiten.

Die Projektion der Gewalt nach außen, wo sie in Taten umgesetzt wird, geschieht also in der Hoffnung, das verlorene Paradies, die archaische Mutter im Himmlischen Jerusalem wiederzufinden. Es ist

Abbildung 2: Max Ernst, Die Jungfrau züchtigt das Jesuskind vor drei Zeugen: André Breton, Paul Eluard und dem Maler (1926), Museum Ludwig, Köln

die Sehnsucht nach einer Welt, in der alle störenden Unterschiede aufgehoben sind und in der ewige Harmonie herrscht. So verlockend solche Fantasien sind und so sehr apokalyptische Vorstellungen sie zu befriedigen scheinen: Ihre Gefahr und Destruktivität besteht darin, dass all das verfolgt werden muss, was diesem idealen Zustand widerspricht. Die Geschichte ist voll von Beispielen, wie auf Spaltung beruhende apokalyptische Bilder und Visionen zu schrecklichen Verfolgungen unter Menschen geführt und ein ungeheures Maß an Gewalt freigesetzt haben.

Das kollektive Ideal der Kirche, wie es sich in der Klerikergruppe verdichtet, wurzelt in den narzisstischen Fantasien von Paradies, ewigem Heil, Reinheit, Monogeschlechtlichkeit und Gottgleichheit und wird in dem Moment gewalttätig, in dem die Hindernisse, die sich diesem Phantasma in den Weg stellen, nicht mehr toleriert und produktiv, beispielsweise durch adäquate Trauer, verarbeitet werden können. Beim einzelnen Individuum ist das immer dann der Fall, wenn diese Fähigkeit aufgrund früher Traumatisierungen nicht entwickelt werden konnte. Kollektiv verfällt eine Religion in diese frühen Spaltungsmechanismen, wenn sie sich einer feindlichen Umwelt gegenübersieht und sich der »Welt« gegenüber mit dem Rücken an der Wand fühlt. Die »Geheime Offenbarung« des Johannes ist ein literarisches Beispiel für eine solche soziologische Situation, die eine Hass erzeugende Dynamik hervorbringt. Die Spaltung zwischen der Reinheit des Körpers hier und den missbrauchten Körpern von Kindern und Jugendlichen da zeigt sich im Verlust der Differenz und dem Wegbrechen der Generationenschranke, die den sexuellen Körper von Kindern vor den Eltern und den Erwachsenen schützt.

Max Ernst hat mit seiner Darstellung »Die Jungfrau züchtigt das Jesuskind« (vgl. *Abb. 2*) die der »Heiligen Familie« innewohnende Gewalt ins Bild gebracht. Die rigide Abspaltung des Ideals von der Welt der Triebe führt zu Durchbrüchen von Gewalt, die das Ideal der »Heiligen Familie« und der idealisierten Madonna-Sohn-Beziehung konterkarieren. Die drei Zeugen im Hintergrund – Vertreter der Hirten –

schauen nicht zu, sondern schauen weg, so wie oft die einem Missbrauch nahe stehenden Personen wegschauen. Max Ernst selbst hat die Gewalt zu spüren bekommen, als ihn der Kölner Erzbischof wegen der Ausstellung dieses Bildes exkommunizierte.

Die destruktive Gewalt, die aus der Spaltung von Ichideal und realer Welt hervorgeht, erscheint immer wieder in den sogenannten apokalyptischen Traditionen des Urchristentums. Ein jähes Ende der Welt dient der Abwehr der Bedrohung durch die Realität. Dieser »apokalyptische Geschichtsabriss« (Berger 1994, 43) paart sich mit der Vorstellung vom Gericht, welches als Strafe droht und mit der Vernichtung der Feinde Gottes einhergeht. Auch hier tritt die Spaltung in Gute und Böse auf, die offenbar helfen soll, die Spannung zwischen den als mächtig erlebten Unterdrückern und den ohnmächtigen Unterdrückten aufzuheben. Diese apokalyptische Dynamik lässt sich an einem Beispiel aus der jüngeren Geschichte verdeutlichen. An einen der Attentäter vom 11. September 2001, Mohammed Atta, ergeht am Vorabend des Angriffs auf das World Trade Center in New York folgende Aufforderung: »Rasiere das gesamte überflüssige Haar von deinem Körper, parfümiere deinen Körper und wasche deinen Körper« (Aust/Schnibben 2002, 278). Hier wird der Körper des Täters in jenen Zustand der Reinheit und Unschuld gebracht, der den Körper des Neugeborenen kennzeichnet: das überflüssige Haar soll beseitigt werden. Rituell wird das narzisstische Phantasma zelebriert, der reine Körper für das grausame Werk der Zerstörung bereitet.

Die Tröstung, die durch die Teilhabe an einem geistig-religiösen Ideal erreicht wird, fordert als ihren Preis die Bekämpfung der dämonischen Mächte, die in der Sexualität und der Mehrgeschlechtlichkeit auftreten. Sie müssen verfolgt und ausgelöscht werden, damit der Vereinigung mit dem geistigen Ideal, mit einer neuen »Heiligen« Familie und dem »Himmlischen Jerusalem« nichts mehr im Wege steht. Die neuen göttlichen Eltern, die in der geistigen Gemeinschaft gefunden werden, sind selbst wieder solche, von denen die Sexualität abgespalten ist wie bei der Jungfrau Maria oder die einen ungelösten ödipalen

Konflikt mit sich tragen wie Jesus, der sich an die Stelle des Vaters setzt (siehe dazu unten, S. 93 f.).

Mehrgeschlechtlichkeit und Sexualität als Gegenspieler des Klerikerideals

Um die Prozesse der Spaltung in einen idealen asexuellen Leib und einen sexuellen physischen Körper, aber auch in die zwischen Klerus und Laien, in denen sich diese Spaltung auf der sozialen Ebene fortsetzt, besser zu verstehen, muss man sich den Gegenspieler des narzisstischen Ichideals bewusst machen, der auch die Doppelgesichtigkeit des Narzissmus ausmacht. Einerseits begünstigt das Ichideal die Entwicklung eines positiven Selbst: In ihm wurzeln die Überzeugungen des Gelingens, der Hoffnung, des Mutes und der Bereitschaft, sich auf das Leben einzulassen und es zu gestalten. Motiviert werden diese positiven Einstellungen durch die Erfahrung, dass es schon einmal gut war und deshalb auch wieder gut werden kann. Davon zu unterscheiden ist der negative Narzissmus. Er speist sich aus der Aggression, die entsteht, wenn das Paradies verloren geht und das Individuum nicht bereit und fähig ist, diesen Verlust zu tolerieren und zu bewältigen. Die Katastrophe des Zusammenbruchs der vor- und nachgeburtlichen Glückseligkeit wird aggressiv bewältigt, indem alles, was dem erhofften und gewünschten Zustand der Glückseligkeit und Harmonie im Wege steht, verfolgt und beseitigt wird. Der Idealzustand der Konfliktlosigkeit und Spannungsfreiheit wird dadurch zu retten versucht, dass er von der Welt der Realität abgespalten wird. Dazu bedient sich der Narzissmus der Triebe: Der Aggressionstrieb dient dem Ziel, alles zu beseitigen, was das Wohlbefinden stört. Er wird zum Agenten der Aufrechterhaltung der Spaltung. Das Ichideal trennt sich von der realen Welt und wird der Welt der Triebe entgegengesetzt. Die Aggression, deren sich ein enttäuschter Narzissmus bedient, ist die gewalttätigste von allen. Im Falle der Reifung vermischen sich beide Komponenten. Das Ichideal wird abgeschliffen und steht in Kontakt mit der Welt der begrenzenden Realitäten. Die enttäuschende Wut, die diese Begrenzung auslöst, wird ausgehalten und zur konstruktiven Umsetzung von realistischen Zielen benutzt.

Zu dieser begrenzten Welt gehören auch und vor allem Eros und Sexualität. Sie sind die Wege, auf denen Menschen die Vereinzelung und Trennung, also den Verlust des Paradieses, rückgängig machen und zu neuen Verbindungen finden. Eros stiftet Beziehungen und Sexualität ermöglicht die Erfahrung des Einsseins, ohne dass die notwendige Differenz verloren geht. Sie zu leben bedeutet aber auch, neben aller Befriedigung und Erfüllung das Risiko der Enttäuschung, Verletzung und des Verlusts einzugehen. Wer liebt, wird verletzbar. Überhaupt setzt die Fähigkeit, Bedürfnisse zu haben, die Bereitschaft voraus, deren Unerfüllbarkeit und Enttäuschung zu akzeptieren. Wer erotische Bedürfnisse nach Beziehung und sexuelle Wünsche erst gar nicht ins Erleben hebt, vermeidet damit das Leiden an ihnen. Diese Verdrängung gelingt umso besser, je größer die narzisstische Gratifikation ist, die als Belohnung in Aussicht gestellt wird. Dieser Belohnung bedürfen besonders traumatisierte Menschen, die ein Zuwenig an Empathie, Zuwendung, Liebe, Resonanz und Respekt erfahren haben und von anderen für ihre Bedürfnisse benutzt und missbraucht wurden. Sie kompensieren diesen Mangel damit, dass sie sich idealisierten Vorstellungen und Fantasien zuwenden, die für die Versagungen entschädigen und Belohnung versprechen. Sie identifizieren sich mit dem frühen Ideal der Bedürfnislosigkeit und werden emotionale Selbstversorger. Vor allem das religiöse Symbolsystem zieht traumatisierte Menschen an, die sich ihm hingeben, um in dieser Unterwerfung unter ein religiöses Ideal eine Kompensation für Zurückweisung, Missachtung und Gewalt zu finden und sich gleichzeitig vor neuer Verletzung zu schützen. Sie halten an dieser Abwehrstrategie fest, auch wenn die Lebensbedingungen inzwischen andere geworden sind. Aus der einmaligen Erfahrung, von einem Menschen am Beginn des Lebens enttäuscht worden zu sein, entwickelt sich die generalisierte Überzeugung: Alle Menschen enttäuschen! Tröstung bietet das Ichideal der Bedürfnislosigkeit. Das Ausklammern allen erotischen und sexuellen Begehrens beruht also nicht auf einem Verzicht, der betrauert wird – das wäre eine reife Form –, sondern es speist sich aus der Belohnung des Ichideals, dadurch ein ganz besonderer und auserwählter Mensch zu sein.

Damit sind wir nun wieder beim Kleriker angekommen. Die Abspaltung des Sexuellen vom sakral-geistigen Klerikerleib wird belohnt durch das Ichideal des Priestertums. Der Priester steht ja lehrmäßig an Christi Statt und wird von den Gläubigen so idealisiert, dass sein Narzissmus ständige Nahrung bekommt. Dass dieser Stand vor allem solche Menschen anzieht, die selber aufgrund von traumatisierenden Mangelerfahrungen in ihrer Kindheit nach Kompensation suchen, hat Eugen Drewermann in seinem Kleriker-Buch (1989) hinreichend beschrieben. In diesem Zusammenhang ist auch auf die Untersuchung von Ralph Frenken (2002) hinzuweisen, der die Lebensgeschichte von 17 bekannten Mystikern des Mittelalters untersucht hat und bei allen schwere Traumatisierungen ihrer Kindheit feststellte. Die Folge der erlittenen Versagungen war eine Spaltung der Welt in ganz gute und ganz böse Objekte. Diese Spaltung entspricht derjenigen des Selbstbilds in ein geistiges, körperloses Selbst, welches durch mystische Vereinigung mit dem ganz guten Objekt eins wird, und ein böses körperlich-sexuelles Selbst, welches durch Kasteiung, Selbstzerstörung und Beschädigung vom gefürchteten Kontakt mit dem guten Objekt ferngehalten wird. Diese Tendenz der sadomasochistischen Körperinszenierung findet sich bereits im neuen Testament in Sätzen wie »Wenn dich deine Hand zum Bösen verführt, dann hau sie ab; es ist besser für dich, verstümmelt in das Leben zu gelangen, als mit zwei Händen in die Hölle zu kommen« (Markus 9, 43). Diese Spaltung setzt sich bei auch bei Paulus und Origenes, der sich selbst entmannte, fort. Im zweiten Jahrhundert ist die Selbstverstümmelung durch Quellen belegt. Epiphanaios teilt mit, dass sich einige Mönche kastrieren, Athanasius berichtet von einem Presbyter Leontios, der sein Glied abschnitt. Später werden die biblischen Hinweise auf die »Eunuchen für das Himmelreich« metaphorisch ausgelegt: Sie sollen das Ideal der Keuschheit begründen. Erotik, Sexualität und Körperlichkeit verlieren ihre Verbindung zum geistigen Leib: Natur und Übernatur, Ich und Selbst geraten in einen Gegensatz, wobei die Übernatur die Natur zu besiegen hat.

Bei Augustinus begegnet man dieser zerbrochenen Polarität als streng gegensätzlichem Dualismus von guter Seele und bösem Leib. Dieser Gegensatz verfolgt die Kirche bis heute wie ein Schatten. Schon anhand dieser wenigen Hinweise zeigt sich, welche destruktive Macht entfesselt wird, wenn die »niedere« Welt der Triebe und des Körpers mit dem idealen geistigen Leib in einen unversöhnlichen Gegensatz gerät mit der Folge, dass der triebhafte Körper um der Ideale willen verfolgt werden muss.

Psychoanalytisch ist davon auszugehen, dass hinter diesen ungelösten Konflikten der Kirche, von denen die Aufdeckung von sexuellem Missbrauch nur die Spitze eines Eisbergs ist, eigene, unbewusst gewordene Traumatisierungen zu vermuten sind. Wer zum Täter wird, ist selber Opfer gewesen. Kann man das auch von der Kirche als Ganzem sagen? Sie wird sich natürlich dagegen wehren, sich als Opfer zu sehen, bestenfalls in den öffentlichen Attacken gegen sie, nicht aber in dem Sinne, dass sie spürt, etwas in sich zu tragen, was auf längst vergessenen und unbewusst gemachten, aber deshalb im Heute nicht unwirksamen Verletzungen beruht.

Es gehört zum psychoanalytischen Verständnis eines Konflikts, das dahinterliegende Trauma auszumachen, das zu Fehlentwicklungen und zu Konflikten führt, die dann wiederum neue Traumatisierungen hervorbringen. Die Missbrauchsfälle und die sich in ihrem Umkreis entfaltenden Konflikte bei der Aufdeckung und Bearbeitung dieser Ereignisse sind folglich zu verstehen als Symptome eines kollektiven kirchlichen Ideals, welches auf der Spaltung zwischen Sexualität und Ichideal beruht, die wiederum auf unbewusst gehaltene Verletzungen an den Anfängen der Entstehung von Judentum und Christentum hinweisen. Es ist die große Herausforderung an die Kirche, diese unbewussten Verletzungen am eigenen Leib ins Bewusstsein zu heben und sie zu verarbeiten. Dies würde für die Opfer Anerkennung ihrer Verletzungen bedeuten.

Zu diesem Zweck greifen wir auf Freud zurück, der, wie erwähnt, sein neurosenpsychologisches Schema auf kollektive Prozesse, nämlich auf die Entstehung des Monotheismus in seinem eigenen jüdischen Volk, angewandt hat. Freud geht davon aus, dass am Beginn der neurotischen Entwicklung das Trauma steht. Im jüdischen Ursprungsmythos legt er das Trauma frei, das zum Mord an Mose geführt hat.

Da das Christentum ein Abkömmling des Judentums ist, ist es nur zu verstehen, wenn man die Traumatisierungen wahrnimmt, die sich im Gründungsmythos der älteren Religion ausdrücken. Denn der Mord an Mose findet sich in verkehrter Gestalt als Selbstopfer des Sohnes in der christlichen Religion wieder. Deshalb soll, bevor wir auf das kollektive Trauma in der Entstehungsphase des Christentums und dessen Verarbeitung zu sprechen kommen, das entscheidende traumatische Ereignis bei der Religionsgründung am Sinai, wie es sich für Freud darstellt, skizziert werden.

Das Trauma in der Gedächtnisgeschichte des Monotheismus: Freuds These vom Mord an Mose

Ich möchte die Freudsche Deutung der Entstehung des Monotheismus heranziehen, weil sie erstens ein Modell dafür abgibt, wie man die psychoanalytische individuelle Neurosentheorie auf einen kollektiven Prozess in der Geschichte beziehen kann, und weil sie zweitens einige wichtige inhaltliche Hinweise auf den Entstehungszusammenhang von Gewalt und Religion enthält.

Freud wendet sein neurosenpsychologisches Schema auf die historischen Prozesse der Entstehung des Monotheismus in Altisrael an. Wie bei der Entstehung der individuellen Neurose lautet die Kette: frühes Trauma – Abwehr – Latenz – Ausbruch der Neurose – Wiederkehr des Verdrängten (siehe *Abb. 3*).

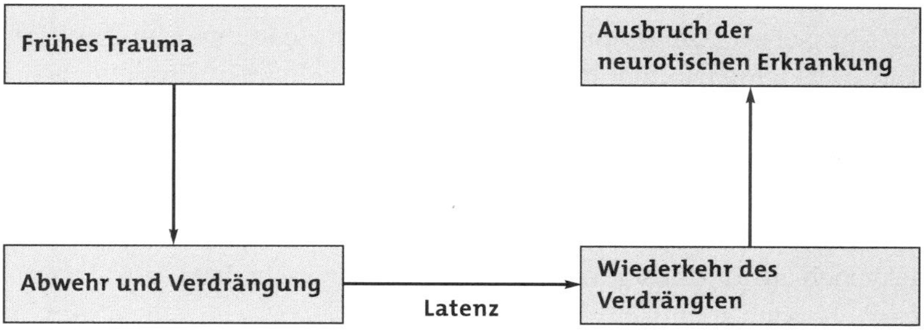

Abbildung 3: Freuds Modell von der Wiederkehr des Verdrängten

Freuds Analyse zielt darauf ab, zu den Ursprüngen des Traumas seines Volkes, das immer wieder Opfer von Gewalt wurde, vorzudringen. Dazu geht er zu den Wurzeln des mosaischen Monotheismus in der ägyptischen Geschichte, in die Zeit der 18. Dynastie unter der Herrschaft Amenophis' IV., Echnaton genannt, zurück.

Freuds Konstruktion sieht folgendermaßen aus: Er geht von zwei Mose-Figuren aus, einer historischen und einer konstruierten. Ausgangspunkt ist die von vielen Historikern geteilte Auffassung, dass der historische Mose – wenn es ihn überhaupt gegeben hat – ein Ägypter war, was schon der Name nahelegt. Seine Idee des einen Gottes und das dazugehörende Bilderverbot gehen zurück auf Echnaton, der seine irdische Abstammung verleugnete wie später Christus und der den Kult der vielen Götter beendete, um Aton zum einzigen Gott erklären zu lassen. Damit verbunden ist der drohende Verlust des den Ägyptern so teuren Glaubens an ein Leben nach dem Tod. In strenger Abstraktion und Sinnenfeindschaft (Bilderverbot) wird Echnaton zum Begründer eines geistig-abstrakten Monotheismus, der sich während seiner 17 Regierungsjahre ausbreitet.

Nach Echnatons Tod wütete die Rache der von ihm unterdrückten Priesterschaft. Alle Andenken an die Aton-Religion wurden zerstört. Die gleiche Destruktivität, mit der Echnaton sein Ideal des einen geistigen Gottes Aton von allem äußeren Tempelkult befreien wollte, schlägt jetzt auf seine Idee zurück. Mose, ein hochgestellter Beamter oder Priester, war ein überzeugter Anhänger der Aton-Religion, der er in Ägypten aber nur als Geächteter treu bleiben konnte. Daher wandte er sich aus Enttäuschung über sein Volk einem in den Grenzprovinzen lebenden semitischen Volksstamm zu, erwählte diesen zu seinem Volk und suchte mit ihm seine religiösen Ideale zu leben. Dies wird in der biblischen Geschichte vom Auszug der Israeliten aus Ägypten zum Gründungsmythos des Volkes der Juden. Dazu gehören die Religionsstiftung am Sinai, die anschließende Verdrängung des Monotheismus und eine ca. 500 Jahre dauernde Latenz. Erst später, in der Zeit der Propheten gegen Ende des 8. Jahrhunderts bis zu Esra am Ende des 5. Jahrhunderts, kam es zur Wiederkehr des Verdrängten: in der prophetischen Bewegung setzte sich die monotheistische Idee Echnatons in Israels Religion als Wiederkehr des Verdrängten durch. Freud sieht im Verschwinden der monotheistischen Gedanken in der Königszeit (von den Königen Saul gegen Ende des 11. Jahrhunderts v. Chr. über David und Salomon bis zur Reichstrennung 925) den Beweis für die Wiederkehr des Verdrängten. Denn der Weg in die Latenz ist die Voraussetzung für die Heftigkeit der Wiederkehr des Verdrängten in der Neurose, sprich in der Religion des Monotheismus. Wenn man die neurosenpsychologische Deutung Freuds und den historischen bzw. biblisch konstruierten Zeitablauf ineinanderfügt, ergibt sich das in Abbildung 4 dargestellte Schema.

Was aber ist das Trauma, das Freud an den Beginn der Kette setzt? Entsprechend seiner Annahme vom Mord am Urvater, wie er sie in »Totem und Tabu« (1912/13) entwickelt hatte, ist es hier der Mord an Mose. Dieser wurde ermordet, weil er ein Ägypter war, ein Fremder also, der den Hebräern eine neue und sie überfordernde Religion brachte: die Aton-Religion des Echnaton, einen abstrakten Mono-

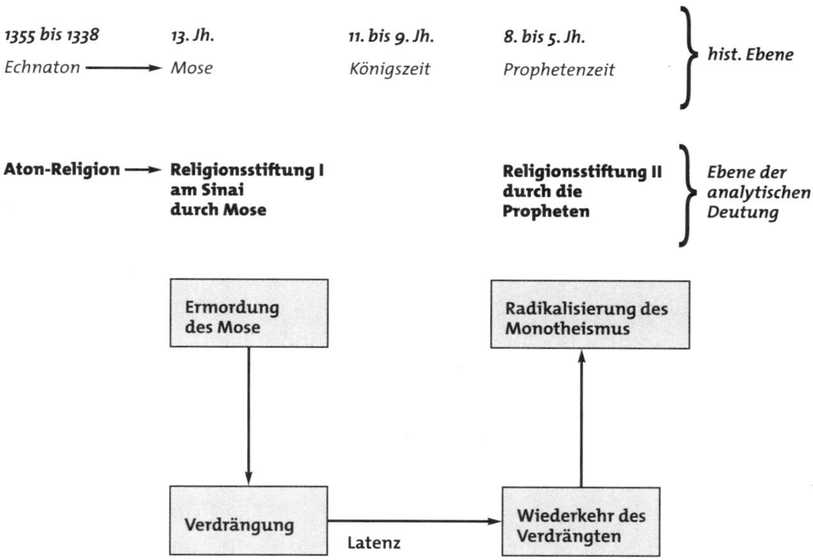

Abbildung 4: Zeitablauf der biblischen Geschehnisse in Parallele zum neurosenpsychologischen Modell Freuds.

theismus, der Triebverzicht und Sublimierung forderte, eben einen »Fortschritt in der Geistigkeit«, welcher der Triebnatur des Menschen so sehr widersprach. Im Mord an Mose entdeckt Freud den typischen Antagonismus von Natur und Kultur: Der kulturelle Anspruch (Monotheismus) an den Triebverzicht (Natur) kann nicht ausgehalten werden und führt zum Mord an Mose.

Freuds Begründung sieht im Einzelnen so aus:

- Der Name Mose ist unzweifelhaft ägyptisch. Die Bibel weiß nichts von der ägyptischen Herkunft und erfindet eine hebräische, aber nach dem Urteil von Jan Assmann (1998) keineswegs überzeugende Etymologie: »Der aus dem Wasser gezogene«. Ägyptisch heißt Mose »Kind« und kommt in Verbindung mit dem Gottes- bzw. Pharaonennamen vor wie in Tutmose und Ramose. Dass die Bibel davon nichts mehr weiß, deutet Freud im Sinne der Verdrängung und der nachfolgenden Latenz.

- Mose sei von »schwerer Zunge« gewesen, mithin des Hebräischen nicht mächtig, und war auf Aaron als seinen Dolmetscher angewiesen.
- Weitere Argumente sind die Entsprechungen zwischen den Bestrebungen Echnatons und dem biblischen Monotheismus: die Exklusivität Gottes, das Verbot von Bildern, Magie, Ritual und Totenkult, die Betonung des Ethischen.

Warum wirkte der Mord an Mose so traumatisierend, dass er verdrängt werden musste? Zur Begründung greift Freud wiederum auf das in »Totem und Tabu« Ausgeführte zurück. Die Kultur entstand in dem Moment, in dem der ermordete Urvater nicht mehr durch einen Nachfolger ersetzt wurde, sondern seine Stelle offen blieb. Durch den Verzicht der Söhne auf diese Position entstand das Tabu von Vatermord und Inzest. Durch diese Urerfahrung empfing die menschliche Seele ihre ödipale Prägung. Der ermordete Urvater wurde, um das Schuldgefühl zu kompensieren, in den Rang einer Gottheit erhoben. So entstand Religion, zuerst als Totemismus, dann als Polytheismus. In ihnen lebt als Deckerinnerung der Mord am Urvater fort. Der Mord an Mose bedeutet also eine Wiederholung des ursprünglichen und verdrängten Vatermordes, dessen Erinnerungsspuren der Seele unauslöschlich eingeprägt sind. Der Mord an Mose wirkt deshalb so traumatisierend, weil er verdrängt wurde und eine beinahe 500 Jahre dauernde Latenzzeit durchmachte. Die Tatsache, dass die Bibel von einem solchen Mord nichts weiß, dient Freud als Bestätigung seiner These der Verdrängung infolge des Traumas. Als Wiederkehr des Verdrängten prägte der ermordete Mose die Seele des jüdischen Volkes.

Was die Analyse des Monotheismus und der Freudsche Befund bewusstseinsgeschichtlich bedeuten, lässt sich durch die Kritik von Assmann (1998) an Freud deutlich machen. Die Fragwürdigkeit des Freudschen Deutungsschemas, das er der Analyse des biblischen Monotheismus unterlegt, ergibt sich für Assmann aus der Einsicht der Bibelwissenschaft, dass es eine Latenzphase in der Königszeit nie gegeben hat. Denn erst mit der Prophetie im 8. Jahrhundert v. Chr. beginnt der monotheistische Gedanke aufzublühen und muss sich gegen die polytheistische und synkretistische Kultur der Königszeit durchsetzen. Die biblische Tradition entspricht nicht der historischen Abfolge. Zuerst waren die Propheten und dann kam das mosaische Gesetz und nicht umgekehrt, wie es die Komposition der biblischen Schriften konstruiert. Echnaton gehört auf die Seite der Realgeschichte, Mose aber ist biblische Konstruktion. Indem Freud beide kurzzuschließen versucht, glaubt er Mose auf die Seite der Realgeschichte holen zu können. Vermutlich hat dies biografische Gründe, weil mit der Rettung des Mose als historische Figur seiner eigenen Identifikation mit ihm als Befreier nicht der Boden entzogen würde. Wie Mose als monotheistischer Aufklärer bringt auch Freud mit seiner Psychoanalyse Licht ins Dunkel des Unbewussten. Mit diesem Versuch, Mose zu historisieren, gerät Freuds ganzes Schema von Trauma – Verdrängung – Latenz – Wiederkehr des Verdrängten auf die Seite der Realgeschichte. So glaubt Freud, mithilfe der Neurosenlehre zur historischen Wahrheit zurückzufinden. Die von Freud konstruierte historische Verbindung von Mose und Echnaton ist aber so gut wie unmöglich.

Dennoch entspricht Freuds Geschichtskonstruktion mit großer Genauigkeit der biblische Abfolge, also dem kulturellen Gedächtnis Israels. Freud bewegt sich im Rahmen der jüdischen Orthodoxie, denn die Bibel gliedert die Geschichte wie Freuds Neurosentheorie: Trauma – Latenz – Wiederkehr. In der Kultur transportiert sich das Verdrängte weiter, in Krypten und Nischen, die dem Unbewussten entsprechen. Freuds Kulturtheorie, die immer wieder zwischen der Ebene der Genetik und Biologie sowie der kulturellen Konstruktion hin und her pendelt, hat das Verdienst, uns auf die unbewusste Dimension der Tradition aufmerksam zu machen. Dieses Unbewusste darf aber nicht als biologische Erbschaft, sondern muss als kulturelles Gedächtnis verstanden werden. In diesem lebte der ägyptische Monotheismus Echnatons in Israel weiter und hat sich von da an im Ich-Bewusstsein der Menschen eingenistet. Im Klerikerideal der Kirche findet dieser Konflikt zwischen Sinnlichkeit und Geistigkeit, zwischen dem symbolisch-sakralen und dem physisch-sexuellen Körper seine katholische Gestalt.

Jan Assmann versteht den Monotheismus, anders als Freud, nicht mehr nur als eine Schöpfung des Judentums, sondern des Echnaton. Dessen monotheistische Revolution sei für die Bevölkerung so traumatisierend gewesen, dass sie verdrängt wurde und später als Wiederkehr des Verdrängten auftrat. Die Traumatisierung der Ägypter sei so heftig gewesen, dass sie auf den späteren jüdischen Monotheismus geradezu phobisch reagierten. Assmann greift dabei auf einen Text des Manetho, eines ägyptischen Priesters der Ptolomäerzeit (3. Jahrhundert v. Chr.) zurück. Unter dem Verfassernamen Osarsiph haben die Erinnerungsspuren an Echnaton die Geschichte überdauert und sich im Unbewussten des ägyptischen Volkes eingenistet. Osarsiph, ein Priester unter Amenophis III., des Vaters Echnatons, machte sich zum Anführer einer Gruppe Aussätziger. Er verhandelt mit dem Pharao und erreicht deren Abzug nach Avaris im Ostdelta des Nils. Er organisiert das Leben in dieser Aussätzigenkolonie und erlässt Gesetze. Das erste lautet: Die Götter dürfen nicht angebetet werden. Zuletzt nimmt Osarsiph den Namen Moyses an. Des Weiteren erobert Osarsiph Ägypten und terrorisiert das Land 13 Jahre lang; dies entspricht der Besiedlungsdauer von Armana unter Echnaton. Diese Legende bewahrt die Erinnerung an die Amarna-Zeit und macht sie zugleich unkenntlich wie ein Symptom. Diese Verzerrung deutet Assmann als Folge der Verdrängung infolge des Traumas, darum spricht Manetho nicht direkt von Echnaton. Wegen der Heftigkeit der Traumatisierung durch den Umsturz des Echnaton war die phobische Reaktion gegen den Monotheismus und gegen das jüdische Volk entsprechend heftig (vgl. Assmann 1998, 54-72).

Ichideal und Monotheismus

Damit wird die Bedeutung des Monotheismus für das Selbstbild des Menschen und sein Ichideal deutlich: Dadurch, dass sich das einzelne Individuum mit dem einen und einzigen Gott und seinen Attributen, wie Allmacht, Allwissenheit, Unsterblichkeit usw., identifiziert, bildet es über diesen Vorgang ein Ich-Bewusstsein, welches sich als allmächtiges und souveränes Subjekt der Geschichte zu verstehen beginnt.

Während jedoch im jüdischen Monotheismus durch die Wertschätzung der Grenze zwischen Mensch und Gott die Identifikation mit Gott beziehungsweise mit dem durch ihn symbolisierten Ichideal schwer gemacht wird, ist im Christentum eine Nivellierung dieser Grenze, bedingt durch die Idee der Inkarnation des Göttlichen im Menschlichen, festzustellen. Der Vorgang der Identifikation bringt also einerseits einen externen, durch kollektive Symbole gesicherten Gedächtnisspeicher hervor, andererseits wirkt dieser zurück auf das individuelle Ichgefühl der einzelnen Subjekte.

- Der Monotheismus begünstigt die Aufnahme der Attribute der Einheit und Einzigkeit Gottes in das menschliche Ichideal. Bewusstseinsgeschichtlich bedeutet er einen enormen Schub im Vorgang der Zentrierung des Ichs, weil durch die Eigenschaft Einheit und Einzigkeit der Mensch sich in seinem Ich als ein unteilbares einheitliches Individuum erleben konnte, welches jetzt gleichsam gezwungen ist, alle Aspekte seines Seelenlebens als zu sich gehörig zu erleben, ohne sie in einen polymorphen Götterhimmel projizieren zu müssen. Die Idee der Einheit setzt der Tendenz zur Spaltung und Projektion nach außen eine Grenze. Es entsteht ein psychischer und mentaler Innenraum im Subjekt, mithin ein enormer Zuwachs an Individualität und eine abgegrenzte Identität.
- Als Schatten dieser Ich-Zentrierung kann die erwähnte Identifizierung des Ichs mit seinem monotheistischen Ichideal angesehen werden: Die Identifizierung mit Stärke, Allmacht, Allwissenheit und Un-

sterblichkeit bewirkt, dass andere Qualitäten wie Abhängigkeit und Bezogenheit verkümmern.

In der Religionswissenschaft werden die monotheistischen Hochreligionen als Universalreligionen bezeichnet, weil sie unabhängig von Ort und Zeit geglaubt werden können. Von seiner inneren Dynamik her führt der Monotheismus jedoch zur Selbstausgrenzung aus der universellen Welt der Götter. Während die Polytheismen mit der je anderen und fremden Religion und Kultur konvertierbar waren, erscheinen die anderen Götter im strengen jüdischen Monotheismus der Prophetenzeit als falsche Götter. Als falsche, weil unwahre, mussten sie bekämpft werden. Nach Assmann ist das Judentum deshalb eine Religion der Selbstausgrenzung: Durch die Erwählung grenzte Gott sein Volk aus den anderen Völkern aus. Zu dieser Selbstausgrenzung bedurfte es keiner Gewalt gegen andere. Die Gewalt richtete sich in der Bibel immer gegen das eigene Volk, das sich vom alleinigen Gott abwendet. Der »Ägypter« oder »Kanaanäer« im Juden musste bekämpft werden. Hier liegen die Ursprünge einer Spaltung in Richtig und Falsch nicht im Hinblick auf Fakten, sondern im Hinblick auf Einstellungen und Deutungen. Die Perspektivität der eigenen religiösen Überzeugung geht verloren. Im Christentum und im Islam sollte diese Spaltung eine enorme Gewalt freisetzen, die sich in der Verfolgung Andersgläubiger ihr Objekt der Entladung schaffte. Sie geht aus von der Überzeugung, im Besitz der absoluten Wahrheit zu sein.

Die Abspaltung der Sinnlichkeit vom Gottesideal bei der Religionsgründung am Sinai

Bei der Religionsgründung am Sinai setzt sich diese Schattenseite durch, indem der Spaltungsprozess sich fortsetzt: Nicht nur die Schwäche und Abhängigkeit, sondern auch Sinnlichkeit und Leiblichkeit werden aus dem Gottesbild exkommuniziert und damit aus dem Ichideal ausgeschlossen. Dieses Drama der Destruktion der das Ideal störenden Sinnlichkeit wird symbolisch in der Geschichte von der Zerstörung des Goldenen Kalbes am Fuße des Berges Sinai inszeniert:

Auf dem Weg der Befreiung aus Ägypten kam das Volk zum Berg Sinai. Mose bestieg den Berg, um dort die Gesetzestafeln in Empfang zu nehmen. Das Volk macht aus seinem Schmuck am Fuß des Berges ein goldenes Kalb. Ekstatisch wurde dieses Tier umtanzt, was den Zorn des Mose entbrennen ließ, als er vom Berg herabgestiegen war. Es handelte sich hierbei eben um eine falsche Religion, die bekämpft und vernichtet werden musste. Der Gewaltaspekt eines sich im Besitz der Wahrheit wissenden Ichs wird in dem Moment deutlich, in dem Mose das Kalb packte und es im Feuer zu Staub zerstampfte. Jeder, der nicht für den Herrn war, sollte durch das Schwert getötet werden. Hier wird sichtbar, was Assmann dem Judentum bescheinigt, das sich nämlich die Gewalt nicht gegen andere, sondern gegen das eigene Volk, gegen das sinnenfreundliche und deshalb abtrünnige Ich richtete. Denn beim »Goldenen Kalb« handelte es sich keineswegs um einen fremden Götzen, sondern um einen Teil Jahwes selbst. Jahwe und der Jungstier El bzw. im Plural Elohim waren kein Gegensatz. El geht auf den obersten Weltgott der altsemitischen Welt zurück. Jahwe wurde gelegentlich mit gewaltsamen, blutrünstigen, stierhaften Zügen gezeichnet. Beim »Goldenen Kalb« handelte es sich also um den stierhaft-triebhaften Teil Jahwes selbst, was bedeutet, dass der Prozess der Vergeistigung des Menschen noch nicht weit genug fortgeschritten war, sondern unbewusst-triebhafte Teile in ihm wirksam waren. Der im Tieraspekt aufgehobene sinnlich-materielle Teil Jahwes wurde getrennt von seiner geistigen Seite. Gott wurde zum »gereinigten« Gott, unanschaubar und unberührbar. Aus dem Bild-Gott wurde ein Buchstaben-Gott, der nicht mehr gesehen, sondern nur noch gehört werden konnte. Er entzog sich gleichsam der Nahwahrnehmung durch Sehen und Fühlen und wählte als künftigen Weg zum Menschen die Fernwahrnehmung durch Sprache. Diese Trennung des Erdhaft-Sinnlichen, welches unten am Fuße des Sinai – erdnah – seinen Ort hatte, vom Abstrakt-Geistigen, welches sich auf dem Berg – himmelsnah – abspielte, liest sich bewusstseinsgeschichtlich auch als Variante einer zunehmenden Ich-Zentrierung, welche sich in der hier entstehenden abstrakten Gottesvorstellung abbildet.

Die Geschichte des Goldenen Kalbs, seiner Anbetung und Zerstörung liefert den Hintergrund, auf dem sich das geschichtliche Selbstbewusstsein der abendländischen Menschheit konstituierte, und zwar in der Gratwanderung zwischen »Fortschritt in der Geistigkeit« (Freud) und Rückkehr zur Sinnlichkeit. Von nun an ist der Konflikt zwischen Wunsch und Verbot, zwischen Ichideal und Sexualität, zwischen Körper und Geist, zwischen Natur und Übernatur ins abendländische Subjekt hineinverlegt. Er taucht in der neutestamentlichen Konstruktion der Christusgestalt wieder auf, setzt sich fort bei Augustinus und gelangt so in die mittelalterliche Theologie und Frömmigkeit. Mit dem Beginn der Neuzeit sucht sich die körperbezogene Sinnlichkeit zwar von der Dominanz der geistigen Übernatur zu lösen, kann jedoch nicht der kirchlichen Domestizierung entgehen, wie noch zu zeigen sein wird.

Das Trauma am Ursprung des Christentums

Der Mord am Urvater stellt nach Freund das verdrängte Trauma am Beginn des Judentums dar. Das Motiv für diesen Mord liegt wiederum in einer Traumatisierung, wie sie Echnaton mit seiner monotheistischen Idee und damit einhergehend dem Entzug der Sinnlichkeit den Ägyptern zumutete. Es führte zu einer Art kollektiven Psychose, als er den Tempelkult abschaffte, die Priesterschaft auflöste und damit der Gesellschaft die integrierende Kommunikationsform entzog. Das wäre etwa so, wenn heute Fernsehen, Internet und mobile Kommunikationsmittel mit einem Mal abgeschafft würden. Im unbewussten Gedächtnis der Ägypter hat sich dieses Trauma erhalten und sich in der phobischen Einstellung dem jüdischen Monotheismus gegenüber Ausdruck verschafft. Aber auch in der biblischen Konstruktion ist die ambivalente Einstellung gegenüber dem abstrakten, seiner Sinnlichkeit beraubten Gott aufbewahrt. In der Zerstörung des Goldenen Kalbs wird der Mord am monotheistischen Gott und seinem Vertreter Mose auf den Gegenspieler verschoben: das Goldene Kalb als Symbol der antigeistigen Sinnlichkeit. Hier greift der Abwehrmechanismus der Verschiebung beziehungsweise der Verkehrung.

In psychoanalytischer Perspektive wiederholt sich im Christentum nun dieser Mord am Vater-Gott, aber so, dass er auch hier ins Gegenteil verkehrt wird: Jetzt wird der Sohn ermordet, was sich mit Freud als eine umgedrehte Vatermord-Fantasie lesen lässt. Diese Fantasie, den Vater zu ermorden und sich an seine Stelle setzen zu wollen, wird durch den freiwilligen Tod des Sohnes unkenntlich gemacht, ja durch seinen Tod konnten die Juden als Gottesmörder zur Projektionsfläche für das Schuldgefühl der Christen werden, die sich in der Identifizierung mit Christus an die Stelle des Vaters gesetzt und ihn damit »ermordet« hatten.

Man könnte, wie es Grunberger tut, in diesem verdrängten und auf die Juden projizierten Schuldgefühl den Kern des christlichen Antisemitismus erkennen. Während im Judentum der Feind der Juden die Ägypter waren, wird im Christentum das Judentum der innere Gegner, der bekämpft wird. In der Theologie des Paulus findet sich dieser Gegensatz in der Polarität von Gnade beziehungsweise Glaube und Gesetz, wobei Letzteres als jüdisches Erbe überwunden werden soll und damit beseitigt ist.

Wenn wir das Trauma am Beginn des Christentums nun psychoanalytisch erkunden, so gehen wir von der Freudschen Annahme aus, dass das Christentum eine Sohnesreligion ist. Freud bezeichnet das Judentum als Vaterreligion, die von der Differenz, also vom Unterschied lebt. Die radikale mosaische Unterscheidung von Jahwe und den anderen Göttern, aber auch die von Mensch und Gott kennzeichnet ja die Geburt des Monotheismus. Merkmal des ödipal strukturierten Menschen ist das Gesetz der Differenz von Mensch-Gott, Mann-Frau, Diesseits-Jenseits. Das Differenz-Denken wird jetzt zur Signatur der abendländischen Geistesgeschichte: Benennen, Unterscheiden, Differenzieren, Denken, Trennen zwischen Subjekt und Objekt. An anderer Stelle habe ich die Einseitigkeit dieses Denkens kritisiert, weil in ihm die Bedeutung der ebenso grundlegenden Erfahrung von Einheit und Identität verloren geht, wie sie vor allem im mystischen Denken in Ost und West anzutreffen ist (vgl. Funke 2011).

Als ödipale Religion wacht das Judentum über die Grenze zwischen Gott und Mensch. Der Mensch möchte wie Gott sein, darf es jedoch nicht. Daher rührt seine ambivalente Einstellung Gott gegenüber: Ihn zu lieben und ihn beseitigen zu wollen. Bereits die Entstehung dieses Glaubens in Altisrael beginnt mit einem Mord: Moses wird getötet, weil der »Fortschritt in der Geistigkeit« zu viel Triebverzicht abverlangt.

Das Christentum hingegen bezeichnet Freud in »Totem und Tabu« als »Sohnesreligion« (Freud 1912/13, 186), weil es historisch wie theologisch ein Spross des Judentums sei und daher zu diesem in einer ödipalen Beziehung stehe (vgl. Yerushalmi 1999, 140).

Freud spricht aber noch in einem anderen Sinne von Sohnesreligion. Jesus, der seinem Vater scheinbar völlig ergeben ist, verdrängt ihn doch heimlich aus dem Zentrum und setzt sich als göttlicher Sohn selber an seine Stelle. Insofern löst der Sohn die Vaterreligion ab. Freud sieht hierin einen Ausdruck tiefer Ambivalenz: Mit der gleichen Tat, durch die er sich durch den Tod am Kreuz dem Vater unterwirft, rückt er ins Zentrum der Verehrung und wird selbst zum Gott, nicht neben, sondern anstelle des Vaters. Diese Position hat die Theologie in den ersten großen ökumenischen Konzilien mithilfe der griechischen Philosophie dogmatisiert.

Einerseits geht Jesus also den ödipalen Weg der Unterordnung unter das Vatergesetz, indem er der gehorsame Sohn ist, der darauf verzichtet, gottgleich zu sein, wie es im Philipperhymnus (Philipper 2, 6-11) heißt. Anderseits setzt sich in der Christus-ist-Gott-Fantasie und deren theologischer Ausarbeitung die unbewusste Feindseligkeit gegen den überlieferten jüdischen Vater-Gott durch und stellt dem Menschen in Aussicht, durch die Identifizierung mit Christus an die

Stelle Gottes zu treten. Dieser Vorgang der Rückgängigmachung der Differenz von Gott und Mensch ist wiederum ein ambivalentes Phänomen. Diese Ambivalenz lässt sich besser verstehen, wenn man sich der Unterscheidung von Ich und Selbst bedient: Das Ich bezeichnet das empirische, psychologische Ich, das handelt, denkt, fühlt und von sich selbst eine Vorstellung entwickelt. Das Selbst bezeichnet die überindividuellen Teile des Ichs, die den Einzelnen mit einem übergeordneten Bewusstsein vom Ganzen und von der Einheit mit diesem versehen. Das Ich lebt von Unterscheidung und entsteht durch Trennung, im Selbst ist diese Unterscheidung aufgehoben. Das Selbst ist der Teil des Individuums, das seine abgegrenzte Individualität aufhebt. Dadurch wird das Selbst die Kontaktstelle zur nichtdualen Wirklichkeit.

Auf der Ebene des Selbst stellt die Aufhebung der Trennung von Gott und Mensch einen wichtigen Schritt in der Bewusstseinsevolution dar, weil sich in der Lehre von der Aufhebung der Trennung eine Transformation des Bewusstseins hin zur Erfahrung der Einheit mit dem Sein vollzieht. Dies bedeutet bewusstseinsgeschichtlich einen markanten Entwicklungsschub. Er symbolisiert die mystische und spirituelle Erfahrung, dass Grenze und Differenz Illusionen des Ichs sind, denen keine seinsmäßige Realität entspricht. Solche Transformationen, von denen die Mystiker in allen Religionen sprechen, setzen jedoch ein entwickeltes und überschreitungsfähiges Ich voraus. Und genau dieses psychologische Ich kann sich erst bilden, wenn die Grenze, die später überschritten werden soll, einmal installiert ist. Und für dieses durch Grenzerfahrung konstituierte Ich hat die Psychoanalyse mit ihrer Vorstellung des ödipalen Dreiecks das entscheidende Modell.

Auf der Ebene des Ichs ist also die Vorstellung, dass Christus Gott ist, das heißt, dass die Differenz rückgängig gemacht wird, sehr problematisch, denn das Ich bedarf der Abarbeitung an einer Grenze, um zum Ich zu werden. Martin Buber, der jüdische Religionsphilosoph, spricht vom Ich, das erst am Du zum Ich wird. Und die Psychoanalyse buchstabiert mit ihrer Vorstellung vom ödipalen Dreieck aus, wie diese Ich-Werdung am Du in menschlichen Beziehungsverhältnissen konkret geschieht.

Die Auffassung, dass Christus Gott ist, hat sich in den ersten nachchristlichen Jahrhunderten im Verlauf vieler lehrmäßiger Konflikte herausgebildet. Unter dem Gesichtspunkt der Ich-Entwicklung hat sich darin ein bestimmtes Ideal, nämlich das der Freiheit vom väterlichen Gesetz, das für das Judentum steht, durchgesetzt. Natürlich hat sich Jesus nicht selbst an die Stelle Gottes gesetzt, sondern diese Sicht der Evangelien und der ersten nachchristlichen Jahrhunderte mit ihren Konzilien ist selbst das Konstrukt einer Gruppe von Jesus-Anhängern, die schweren Verfolgungen und Entbehrungen ausgesetzt waren. Indem sie sich vom Judentum lossagten, bildeten sie eine vaterlose Gesellschaft, der der Schutz der Väter abhandengekommen war. Der Verlust von Sicherheit und Bindung an eine kollektive Gruppe und die gewaltsamen Verfolgungen der ersten hellenistischen »Christianer« lassen sich als schwere Traumatisierungen verstehen, die, um mit ihnen leben zu können, in der Verehrung der Opfer als Märtyrer ins Gegenteil verkehrt wurden.

Diese traumatische Situation des Vaterverlustes, der sozialen und religiösen Ortlosigkeit und der gewaltsamen Verfolgung ließ sie das tun, was Einzelne und Gruppen regelmäßig tun, wenn sie sich in äußerst bedrängenden Situationen befinden: Sie nehmen Zuflucht zu Idealen, die ihnen eine heile und paradiesische Gegenwelt in Aussicht stellen. Erinnern wir uns: Im Ichideal ist die Erfahrung der frühen Geborgenheit in der Bindung an die allgegenwärtige schützende und nährende Mutter aufgehoben. Aus der Verfolgung, dem Schmerz und der Angst entsteht so ein kollektives Ichideal, welches sich in der Christusfigur, wie sie von den Schriftstellern und Theologen des Neuen Testamentes geschaffen wurde, verdichtet. Weil solche auf Traumatisierungen beruhenden Idealbildungen keinen Kontakt mit der Realität vertragen, ist im Christusideal der Konflikt der Spaltung von Sexualität und Narzissmus im Kern angelegt. Die Christusfigur wurde von allen sexuellen Aspekten gereinigt und so zum Träger eines reinen Narzissmus, also zum Ichideal, in dem alle Fantasien einer Erlösung von der traumatisierenden Realität aufgehoben sind, und zwar im Sinne eines Zusammenpassens von projizierten Wünschen und deren Erfüllung durch die entsprechend konstruierte Erlösergestalt.

Versuchen wir nun, diese Deutung auf die Christusfigur anzuwenden, wie sie uns im Neuen Testament begegnet. Um es noch einmal zu sagen: Es geht nicht um eine Kritik des historischen Jesus und seiner humanen und spirituellen Botschaft, sondern um das theologische Konstrukt »Christus«, wie es sich in den Texten der Evangelien, den Briefen und anderen Schriften findet und wie es später in den dogmatischen Formulierungen seine unveränderliche und mit lehramtlicher Autorität ausgestattete symbolische Form gefunden hat. Diese Dogmatisierungen schreiben einen nicht gelösten Konflikt und seine neurotischen Bewältigungsstrategien fest, die bis heute im kollektiven Gedächtnis der Kirche weiterwirken. Diese bilden ihrerseits den Rahmen und das kirchliche Milieu, die unreife und fehlentwickelte Menschen anziehen, die ihre Sexualität und ihre berechtigten Triebwünsche nicht leben konnten, sondern sie verdrängen mussten. Im kirchlichen Feld des Klerikerideals werden ihre Defizite ins Gegenteil verkehrt und zu besonderen Tugenden hochstilisiert. Die sich hinter diesen Störungen verbergenden Traumatisierungen werden nun überhöht, sodass dem Einzelnen eine narzisstische Belohnung vermittelt wird durch das Bewusstsein, etwas Besonderes zu sein und als Auserwählter und Berufener zu einer Gruppe zu gehören, die in ihrer asexuellen Lebensform etwas Höherwertiges erreicht hat als die einfachen, verheirateten Laien. Diese Abschottung führt dann wiederum zu neuen Traumatisierungen – und der neurotische Kreis ist geschlossen.

Von diesen hintergründigen Zusammenhängen ist zu sprechen, wenn es um wirkliche Erneuerung gehen soll und nicht um äußere Veränderungen, die sich oft auf den Zölibat oder die Ordination von Frauen in der Kirche beziehen. Denn die gegenwärtige Diskussion und Infragestellung dieser beiden heutigen Konfliktfelder müssen ähnlich wie der Missbrauch wie eine späte Wiederkehr des verdrängten Traumas verstanden werden, wenn man ihre tiefenstrukturelle Verankerung im Unbewussten der Kirche erfassen und damit eine in dieser tieferen Seelenschicht verankerte Erneuerung erreichen will.

Wie das Judentum hat auch das Christentum zwei Anfänge: einmal in der historischen Person und spirituellen Lehre des Wanderpredigers aus Nazareth, der gewaltsam ums Leben kam, und dann in der Konstruktion des Christus durch die Theologen, die zur Gruppe der Anhänger des Jesus von Nazareth gehörten. Wir sagten, dass diese Gruppe schwer traumatisiert war und dass sie, um ihr kollektives Trauma zu bewältigen, eine Christusfigur schuf, die alle Züge eines erlösenden und entschädigenden Ichideals unter Ausschaltung der triebhaften Bedürfnisse, der irdischen und sexuellen Verhältnisse trägt.

Bereits in den Schriften des Neuen Testaments findet sich diese Spaltung von Ichideal und Sexualität, die uns später im Klerikerideal der Kirche wieder begegnet. Schauen wir, woran sich dies festmachen lässt.

Traumatische Umstände der Geburt Jesu: Mord, Flucht und Ausschluss des Vaters

Die Kindheitsgeschichten Jesu, die die Umstände seiner Geburt erzählen, sind konstruiert, wie die Exegeten sagen, und entbehren weitgehend einer historischen Realität. Aber deswegen enthalten sie so viel psychologische Wahrheit, drücken sie doch offenbar genau die traumatisierende Situation aus, in der sich die gerade entstandene Jesus-Bewegung, also das frühe Christentum, befand. Jesus wird in eine schwer belastete Situation hineingeboren: Seine Eltern verlieren ihre Heimat, er wird in der Fremde in ärmlichen Verhältnissen geboren, was eben auch als ein symbolischer Hinweis auf psychologisch ärmliche Beziehungen, auf einen Mangel an Empathie, Resonanz und emotionale Sicherheit gelesen werden kann. Der Vater wird von Anfang an nur als Pflegevater dargestellt und nicht als der reale Vater und Erzeuger seines Sohnes. Maria hat ihren Sohn jungfräulich geboren. Er ist also kein Kind der Liebe, sondern Produkt der narzisstischen Fantasie einer Frau, die glaubt, ohne Mann sich selbst ein männliches Kind gezeugt zu haben. Besser gesagt: Diese Fantasie wird der Frau Maria von Männern angesonnen, und zwar von solchen Männern, die vermutlich Probleme mit ihrer männlichen Sexualität haben und eher weiblich identifiziert sind.

Jungfräuliche Zeugung und Geburt sind zwar eine damals wie heute weit verbreitet Fantasie, die sich traumatisch auf das Kind auswirkt. Dieses wird funktionalisiert für die Bedürfnisse der Mutter, die ihrerseits emotional unterversorgt ist. Sie leidet unter einem Mangel an Sicherheit und Respekt und hat Angst, von einem Mann enttäuscht zu werden, zum Beispiel weil dieser sie nur für seine eigenen Bedürfnisse benutzen könnte. Die Jugendlichkeit der Maria, wie sie sich auch in späteren Darstellungen immer wieder findet, kann als Hinweis auf ihre eigene Unreife und Überforderung verstanden werden. Die spätere Familienfeindlichkeit Jesu (»Wer Vater oder Mutter mehr liebt als mich, ist meiner nicht würdig«; Matthäus 10, 37) liest sich wie der Versuch, das Trauma einer ihn funktionalisierenden Mutter und eines abwesenden Vaters durch Entwertung der familiären Beziehungsform zu bewältigen.

Den geschichtlichen Hintergrund für diese antisozialen und beziehungsabwertenden Tendenzen bildet das familienfeindliche Ethos der frühen Wanderapostel, die ohne soziale Bindung durchs Land zogen und für die die durch den Geist bewirkte Bindung an den himmlischen Vater die Nähe zu den irdischen Eltern nicht mehr zuließ. Ein Nebeneinander von mystischer (geistvoller) Bindung an die Transzendenz und sozialer Bindung im Sinne eines Sowohl-als-auch war offenbar nicht möglich. Vermutlich ist die nachträgliche theologische Begründung der Lebensform des Wanderapostels eine Folge der sozialen Ortlosigkeit und und nicht deren Ursache.

Weitere traumatische Umstände der Geburt Jesu sind die Flucht nach Ägypten, wodurch das Kind zwar dem geplanten Mord des Herodes entgeht, aber in einem Klima der Todesangst groß wird, dem seine Eltern ausgesetzt waren. Gewalt und Entbehrung bilden somit den Hintergrund, auf dem sich die frühe Kindheit Jesu abspielt. Dies ist genau das Klima, in dem Kinder groß werden, die später eine Störung in ihrer Persönlichkeit dergestalt entwickeln, dass sie Ideale von sich aufbauen, die ihnen helfen sollen, die erlittenen Entbehrungen, Funktionalisierungen und Angstüberflutungen zu kompensieren. Entwicklungspsychologisch gesehen verhindert diese Störung, dass es zu einer adäquaten Lösung des sogenannten ödipalen Konflikts kommt. Das bedeutet wiederum, dass ein Kind im narzisstischen Universum einer mütterlichen Welt gefangen bleibt. Solche nicht gelösten ödipalen Konflikte begegnen uns überall auf dem Lebensweg Jesu: Bei der Hochzeit zu Kana stößt er seine Mutter brüsk zurück mit einem »Was willst du von mir, Frau?« (Johannes 2, 4), um dann doch ihren Willen zu tun, als käme er trotz seiner Wut auf sie nicht von ihr los. Statt Abgrenzung von ihr wirkt er sein erstes Wunder, das heißt, er setzt sich über die Welt der Naturgesetze und Realitäten hinweg und agiert im Feld der mütterlichen Allmachtsfantasien.

Abwehr des Traumas durch das Ichideal

Der Hunger nach Nahrung und Zuwendung bleibt und lässt Jesus wütend werden im Falle seiner Enttäuschung: Er verflucht den Feigenbaum, der keine Frucht trägt und der seinen Hunger nicht zu stillen vermag (Markus 11, 12-14; Matthäus 21, 18-22). Stattdessen wird ein Glaube verkündet, der Berge versetzen kann, das heißt, die Realität wird schlicht verleugnet, was weniger mit Vertrauen als vielmehr mit Größenwahn zu tun hat. Natürlich muss dann die Enttäuschung, dass sich die Realität nicht einfach wie im Märchen durch Wünschen verändern lässt, besonders groß sein. Jesus stellt sich immer wieder über die Gesetze der Natur, was mit der Autorität des »Ich aber sage euch«

unterstrichen wird. Er empört sich über die, die von ihm Zeichen verlangen, also realitätsbezogen leben. Er verkündet den reinen Glauben ohne Erfahrung und Realitätsbezug, und dieser gebiert eine Intoleranz gegenüber allen, die so nicht glauben. Sein Rat: Bittet, so wird euch gegeben; klopft an, und so wird euch aufgetan (Matthäus 7, 7), klingt wie eine Empfehlung, auf die Stufe kindlicher illusionärer Wunscherfüllung zurückzukehren.

Auch Ideale wie etwa die Feindesliebe könnte man verstehen als eine Moral, die die Goldene Regel überbietet. Dieses Ideal gibt narzisstische Befriedigung: besser zu sein als der Andere unter Verleugnung eigener triebhafter Bedürfnisse. Auch die Wunderpraxis kann gelesen werden als Versuch Jesu, die Allmacht der Gedanken und Wünsche über die Naturgesetze zu stellen. Am Ende seines Lebensweges ist die Bindung an die Mutter immer noch so stark, dass er ihr bei seinem Tod einen Ersatzsohn vermitteln muss: Zu ihr sagt er, auf Johannes verweisend: »Frau siehe, dein Sohn!« (Johannes 19, 26).

Die Christusfigur wird damit zum Träger des Ichideals und zum Erben des mütterlichen Paradieses. Diese Mutterfigur gilt als unbefleckt, weil es in ihrem Dasein keinen Mann und keine Sexualität gibt. Die Identifizierung mit diesem Jungfrauenideal, wie es im Klerikerideal fortbesteht, führt in den Zustand des frühen Narzissmus – desjenigen Entwicklungsstadiums, in dem die Allmacht der Gedanken herrscht. So gesehen liest sich der Weg Jesu als Abwehr der Wirklichkeit des Vaters, der als Vertreter der Realität und der Sexualität fungiert. Die christliche Sohnesreligion trägt Merkmale des Rückfalls in den kindlichen, mütterlich geprägten Narzissmus.

Christus repräsentiert das Ideal der Ganzheit, Vollkommenheit und Allmacht, dem der Mensch gleichkommen soll. Dies wiederum geschieht durch den Glauben, einen Begriff, der unter Verzicht auf Erfahrung und Realität im Bereich der Wünsche und Fantasien angesiedelt ist.

Auch bei Paulus, dem ersten Theologen des Christentums, begegnet uns dieser Konflikt von Narzissmus, Realität und Sexualität, von

Ichideal und Körperlichkeit. Er wird dort unter der Begrifflichkeit von Gnade und Gesetz verhandelt. Der Glaubens-Narzissmus des Ichideals gerät deshalb folgerichtig in Opposition zur Realität, für die das Gesetz steht. Paulinisch formuliert: Die Gnade steht über dem Gesetz. Weil der größte Feind des Narzissmus das Anale und Sexuelle ist, also die begrenzte und begrenzende Realität, werden diese Mächte bekämpft. Paulus empfiehlt (1 Korinther, 7), dass es gut für den Mann sei, wenn er kein Weib berühre. Das Sexuelle ist zu meiden, weil es den Gegenspieler zum reinen Ideal darstellt. Aber die Natur verlangt offenbar, einen bestimmten Bereich abzustecken und dem Trieb zu überlassen. Diesen Bereich bildet die paulinische Ehe, die der Zügelung der Triebe und der Vermeidung von Hurerei gilt. Das an sich Verwerfliche wird dadurch unschädlich gemacht, dass man es legalisiert. Die spätere Sakralisierung der Ehe hat darin ihre Wurzel: Das natürliche erotische Begehren wird durch den Segen der Kirche »entsündigt«. Eine weitere Folge der Installation des asexuellen Ideals ist die folgenschwere Unterscheidung von einfachen und vollkommenen Christen. Die keuschen Christen stehen Gott näher. Das spätere Klerikerideal formiert sich bereits hier, denn die triebfeindlichen Tendenzen der frühen Christen, die der Angstabwehr durch Bildung eines gemeinsam geteilten Ichideals dienen, haben sich tief ins kollektive Gedächtnis der jungen Religion eingenistet.

Die Bedeutung des Dreiecks für die Ich-Werdung

Wir wollen nun versuchen, die genannte Sexual- und Triebfeindlichkeit, die Aufblähung des Ichideals und die verborgenen Schuldgefühle am Beginn des Christentums als Folge nicht hinreichend gut gelöster Dreieckskonflikte zu verstehen. Solches hatten wir oben bereits für das Beziehungsmodell der »Heiligen Familie« skizziert. Nun müssen wir etwas weiter ausholen, um hier nicht zu vorschnellen und allzu kurzschlüssigen Folgerungen zu kommen.

Zunächst ist wichtig, sich noch einmal bewusst zu machen, dass sich die psychoanalytische Erkundung der verborgenen Konflikte in der Gedächtnisgeschichte des Christentums auf das Ich im Gegensatz zum Selbst bezieht. In Hinblick auf dieses Ich wird jetzt das psychoanalytische Verständnis der Ich-Werdung herangezogen. Und dafür ist die Modellvorstellung des Dreiecks und der Beziehungsverhältnisse, die sich darin herstellen, von entscheidender Bedeutung. Jeder kennt die konflikthaften Beziehungssituationen, die entstehen, wenn drei Menschen zusammen sind. In der Zweierbeziehung fühlen wir uns meistens sicher, sobald aber ein Dritter hinzutritt, entsteht eine qualitativ neue Situation. Denn einer fühlt sich in der Regel ausgeschlossen, weil er es entweder wirklich ist oder weil er die Fantasie hat, die anderen beiden hätten zueinander eine größere Nähe oder Verbindung als zu ihm. Weil jeder von den Dreien diese Fantasie bzw. Befürchtung hat, beginnt ein ständiger Kampf um die Position des eingeschlossenen Zweiten im Gegensatz zum ausgeschlossenen Dritten. Die Psychoanalyse spricht von der Fähigkeit zur Triangulierung, was so viel bedeutet, dass jeder zu jedem eine eigene Beziehung haben kann, ohne dadurch den Kontakt zum anderen, dem Dritten im Bunde, zu gefährden.

Dieser erste Hinweis soll genügen, um eine Vorstellung von der Bedeutung des Dreiecks für die Ich-Werdung des Menschen zu bekommen. Für die Entwicklung eines einigermaßen reifen und funktionsfähigen Ichs spielen noch andere Gesichtspunkte eine Rolle, die aber alle an eine Dreieckssituation gebunden sind. So ist das erwachsene Ich strukturiert durch die Dynamik von triebhaften Wünschen und kulturellen Verboten. Damit das Ich einen Ausgleich finden kann zwischen seinen Wünschen, deren Befriedigung und dem Verzicht darauf, muss es den Umgang mit Grenzen und Grenzüberschreitungen gelernt haben. Genau dies ist aber ein Mangel im Täterprofil von sexuell Gewalttätigen. Der erste Ort, an dem das Kind den Umgang mit dieser Grenze lernt, ist das Dreieck zwischen ihm und den Eltern, und zwar in der Zeit, in der seine sexuell motivierte Liebe zu einem Elternteil erwacht (in der Regel zwischen dem dritten und vierten Lebensjahr). Damit diese Liebe für das Kind ohne Gefahr möglich ist, kommt den Eltern die Aufgabe zu, das Inzesttabu einzuhalten. Diese erste und wichtige kulturelle Grenze ermöglicht dem Kind ein freies Ausprobieren seines Begehrens, ohne der Gefahr des Missbrauchs ausgesetzt zu sein.

Zentrale Schaltstelle der Ich-Werdung unter dem Gesichtspunkt des Erwerbs der Liebesfähigkeit ist die Auseinandersetzung mit den Eltern im Beziehungsdreieck Mutter–Vater–Kind im Schutze der Begrenzung durch das Inzestverbot. Dies ermöglicht letztendlich dem Kind den Verzicht des exklusiven Anspruchs auf den gegengeschlechtlichen Elternteil als Liebespartner, ohne dabei seine Wünsche verleugnen zu müssen. Die Erfahrung dieser Grenze und das Durchleben der damit verbunden Ängste, also die Bewältigung des Ödipuskomplexes, strukturieren das sexuelle und beziehungsfähige Ich.

Ödipus ist eine Figur aus der Mythologie. Der Ödipusmythos beschreibt die Geschichte einer verunglückten Dreierbeziehung, indem er den Weg eines Menschen erzählt, der auf dem Weg zu sich selbst unbewusst Vatermord und Mutterinzest begeht. Der Grund für die Zerstörung des Dreiecks, wodurch Ödipus unschuldig schuldig wird, besteht in einer frühen kindlichen Traumatisierung, die sich in Vatermord und Mutterehe wiederholt. Ödipus wurde von unfähigen Eltern misshandelt, die ihm die Achillessehne durchtrennten und ihn anschließend in der Wildnis aussetzten. Freud griff dieses Motiv auf, um mit dem Namen des antiken Helden das psychische Zentrum des Kulturmenschen zu belegen: Als ödipal wird seit Freud das erwachende Subjekt bezeichnet, welches das Paradies verloren hat und nun in die Konflikte von Begehren und Verboten hinein verstrickt ist. Weil der Knabe in der Liebe zur Mutter den Vater (und die Tochter in der Liebe zum Vater die Mutter) als Hindernis erlebt, entsteht im Sohn (und in der Tochter) dem jeweils gleichgeschlechtlichen Elternteil gegenüber eine ambivalente Einstellung: Der Junge liebt den Vater, weil er so sein will wie er, er hasst ihn, weil er nicht so sein darf wie er, und beim Mädchen ist es umgekehrt. Dieser Liebe/Hass-Konflikt bestimmt die Kulturgeschichte und zeigt sich auch an der Gründerfigur der christlichen Religion. Dabei wird der ödipale Konflikt im Christentum äußerlich anders gelöst als im Judentum: Hier wird der Gründervater Mose ermordet und der Mord unkenntlich gemacht; im Christentum wird zwar der Sohn ermordet, aber dies gilt der Abwehr des Schuldgefühls darüber, dass er sich zuvor an die Stelle des Vaters gesetzt, ihn auf diese Weise entthront und sich seiner Rechte bemächtigt hat.

Dreieckskonflikte

Bevor wir diesen Aspekt weiter verfolgen, möchte ich auf die Dreieckskonflikte eingehen, die, wenn sie nicht gelöst werden, eine gelungene Entwicklung zu einer reifen sexuellen Persönlichkeit verhindern.

Fassen wir die Funktion des ödipalen Dreiecks für die Ich-Werdung unter den gängigen Normalitätsbedingungen westlicher Gesellschaften noch einmal zusammen: Ein gelungenes ödipales Dreieck bedeutet, dass ein Kind eine je eigene, spezifisch grenzrespektierende Beziehung zu Mutter und Vater hat und diese ihrerseits eine eigene sexuelle Paarbeziehung haben, aus der das Kind ausgeschlossen ist. Dieses ödipale Dreieck hat eine dreifache Funktion:

- Im familiären Beziehungsdreieck lernt das Kind, als künftige sexuelle Frau oder künftiger sexueller Mann zu lieben und Beziehungen zu leben. Dazu muss das Kind wegen seiner frühzeitig erwachenden Sexualität die Möglichkeit haben, jeden Elternteil zu lieben und auch erotisch-sexuell zu begehren. Dabei hat es das Recht, dass die Eltern diese Liebe *nicht* mit gleichen Mitteln erwidern. Ihnen kommt die Aufgabe zu, die für das Kind notwendigen Grenzüberschreitungen nicht ihrerseits zu praktizieren, sondern die Grenze einzuhalten. Diese Grenze entsteht durch die Unterscheidung zwischen der Liebe zwischen den Eltern, die erotisch-sexuell ist, und der Liebe zu ihren Kindern, die auf sexuelle Befriedigung verzichtet (Inzesttabu). Ist in den Eltern dieses Grenzbewusstsein nicht fest installiert, kommt es zum verheerenden Grenzverlust und zur Verletzung des Inzestverbots. Dies geschieht dann, wenn die Eltern ihrerseits keine günstigen ödipalen, also das kindliche Begehren ermöglichenden und durch Grenzsetzungen der Eltern schützenden familiären Bindungen erleben konnten. Bei den Eltern von Ödipus, Laios und Jokaste, war dies der Fall, weshalb sie keine reife sexuelle Persönlichkeit entwickeln konnten und nicht zur Elternschaft fähig waren: Sie verletzten ihren Sohn Ödipus und setzten ihn im Wald aus.

- Mit dieser Erfahrung von Grenze entsteht im Kind ein bestimmtes Realitätsbewusstsein und die Fähigkeit zum symbolischen Denken. Weil der geliebte und begehrte Elternteil als künftiges sexuelles Liebesobjekt aufgegeben werden muss und durch einen anderen Menschen der gleichen Generation ersetzt wird, entsteht die Fähigkeit zur symbolischen Ersetzung, die auch für den religiösen Glauben bedeutsam ist. Diese symbolische Kompetenz ermöglicht den Abschied von einem konkretistischen Glauben, der seine Inhalte eins zu eins mit dem Faktischen setzt und damit eine fundamentalistische Haltung einnimmt. Die Jungfräulichkeit Marias beispielsweise wird dann als biologischer Sachverhalt oder die Auferweckung Jesu als Lebendigwerden eines Leichnams verstanden. Es fehlt die Fähigkeit zur symbolischen Distanz vom Konkreten, ein Mangel, der unreife und gestörte Persönlichkeiten auszeichnet.
- Die dritte Funktion des Dreiecks besteht darin, dass in der Mutter-Vater-Kind-Beziehung das Kind lernt, seine Position als Kind einzunehmen, was zunächst dadurch möglich wird, dass Eltern ihre Elternrolle wahrnehmen. Dies bedeutet, dass sie ihr Kind nicht benutzen für in ihnen selbst unerfüllte Wünsche nach Partnerschaft oder elterlicher Liebe. Das würde dazu führen, dass sie ihr Kind entweder zum Ersatzpartner machen oder zu einem Elternteil, der sie ihrerseits emotional versorgen soll.
- Viertens ermöglicht das Dreieck, dass sich das Kind nicht nur in der Zweierbeziehung Mutter/Kind zu bewegen lernt, sondern einen Dritten, den Vater, in diese Beziehung zu integrieren vermag. Dies gelingt

nur, wenn die Beziehung zu einem Elternteil nicht in Konkurrenz gerät zum anderen: Wenn sich das Kind also dem Vater zuwendet und damit riskiert, die Liebe der Mutter zu verlieren, besteht für das Kind die Gefahr, dass es spalten muss: entweder zum einen halten oder zum anderen. Beide gleichzeitig zu lieben wird so verhindert. Im Falle einer gelungenen Triangulierung – Beziehungen zu beiden leben ohne Gefahr, einen zu verlieren – entsteht im Kind die Fähigkeit des Sowohl-als-auch: Einen Menschen oder eine Sache lieben heißt nicht, andere zu verraten. In den apokalyptischen Traditionen des Neuen Testaments kommt es ebenso wie bei religiösen Fanatikern zu einem ausschließenden Entweder-oder-Denken: »Kein Sklave kann zwei Herren dienen, entweder wird er den einen hassen und den anderen lieben oder wird zu dem einen halten und den anderen verachten« (Lukas 16, 13).

Wenn diese für die Ich-Werdung grundlegenden Funktionen des ödipalen Dreiecks nicht erfüllt werden, ist die Ursache in der Regel in einer gestörten Paarbeziehung der Eltern zu suchen, die selber keine klare Geschlechtsidentität entwickelt haben. In der christlichen Erzählung wird dies durch die Jungfräulichkeit Marias und die Pflegevaterschaft Josefs ausgedrückt. Jesus wird – psychologisch gesehen – zum Erlöserkind und gerät in eine enge, erotisch und sexuell aufgeladene Beziehung zur Mutter. Im manieristischen Stil des Gemäldes von Parmigianino mit dem Titel »Die Madonna mit der Rose« (vgl. *Abb. 5*) wird diese Verführung, die im Bild von beiden ausgeht, so dargestellt, dass das Großartigkeitsgefühl des Kindes, durch das Begehren der Mutter etwas ganz Besonderes zu sein, im Vordergrund steht. Dieses narzisstische Hochgefühl kommt durch die Weltkugel zum Ausdruck, Symbol für Allmachtsfantasien, auf die sich das Kind in der Geste des Herrschers stützt. Um diese Dynamik besser zu verstehen, möchte ich die Ersatzpartnerschaft, wie sie im Bild von Parmigianino dargestellt ist, als eine zentrale Form der Entgleisung des reifen ödipalen Dreiecks näher beleuchten.

Im Konzept der Ersatzpartnerschaft, wie Thea Bauriedl (1980) es darstellt, wird das ödipale Beziehungsdreieck als zentrale familiäre

Abbildung 5: Parmigianino, Die Madonna mit der Rose (1528/30), Dresden, Gemäldegalerie Alter Meister.

FOTO: BPK/STAATLICHE KUNSTSAMMLUNGEN

Beziehungsstruktur begriffen. Es handelt sich bei diesem Beziehungsmuster jedoch eher um eine kreisförmige, rückbezügliche Struktur, das heißt, erotisch-sexuelles Begehren und ödipale (Verführungs-)Aktivitäten gehen nicht nur von den kindlichen Fantasien aus wie im Freudschen Konzept des Ödipuskomplexes, sondern potenziell von allen Beteiligten. Das ödipale Beziehungsdreieck ist für Bauriedl grundlegend konstituierend für die Sozialisation in der Familie und bestimmt das Miteinander von Anfang an.

Bereits vor der Geburt des Kindes nimmt dieses einen ganz bestimmten Platz in den Fantasien der elterlichen Partner und in deren Beziehung ein. Ist die Paarbeziehung der Eltern im weitesten Sinne unbefriedigend, richten sich die enttäuschten Wünsche und daraus resultierende Ängste zwangsläufig an das Kind. Das Kind wird damit – zunächst in der Fantasie und später tatsächlich – zum potenziellen Ersatzpartner für einen Elternteil, der seine seitens des Partners unerfüllten und unbefriedigten Wünsche an das Kind heranträgt und es als »Gatten-Substitut« (Horst-Eberhard Richter) für sich benutzt.

In solchen Ersatzparternerschafts-Familien ist nie klar, wer auf welchem Stuhl sitzt und wer welche Position besetzt. Jeder ist immer schon auf dem Platz des anderen: die Mutter auf dem Platz der Tochter, der Sohn, als der von der Mutter zum besseren Partner Gemachte, sitzt auf Vaters Platz, der Vater wird so in die Sohn-Position gedrängt usw. Solche Beziehungsmodelle sind geprägt von ständiger Rivalität und von Machtkämpfen, von Größenfantasien und depressiven Schuldgefühlen, von Entwertungen und Idealisierungen. Wir werden sehen, wie sich vieles davon in der biblischen Konstruktion der »Heiligen Familie« wiederfindet.

Zuvor greife ich zur Veranschaulichung dieser krank machenden Dynamik ein Beispiel von Bauriedl auf: Eine Tochter, die gegenüber dem Vater in die Ersatzpartner-Position gerät und von diesem (sexuell) missbraucht wird, hört folgende Botschaft:

»›Du bist eine schöne Frau, viel schöner und attraktiver als Deine Mutter.‹ Gleichzeitig erhält sie von ihm aber auch die Mitteilung: ›Du bist

wertlos, deine Grenzen kann man rücksichtslos überschreiten, und eigentlich bist du selbst an allem schuld.‹ Die Mutter vermittelt ihr: ›Du bist sowieso die schönere und bessere Frau, ich mache dir selbstverständlich Platz bei meinem Mann‹, und: ›Du bist eine Hure, die nichts anderes im Sinn hat als den eigenen Vater zu verführen und mich aus dem Weg zu räumen‹« (Bauriedl 1994, 118).

Diese sogenannten Double-Bind-Botschaften, die nach dem Muster »Komm her – geh weg« aufgebaut sind, verhindern, dass sich das Kind später auf seine eigenen Gefühle verlassen kann und weiß, wer es ist. Es wird in seinen späteren Beziehungen ständig in solche Beziehungsfallen tappen, indem es eigene Partner in die Double-Bind-Situation bringt, die es aus eigener Erfahrung kennt. Solche »innere Szenen« von Verführung und Missbrauch wirken generationsübergreifend weiter, indem missbrauchte Kinder wieder Eltern werden, die ihre Kinder in die Position der Eratzpartnerschaft bringen usw.

Eine weitere Folge der ersatzpartnerschaftlichen Position besteht darin, dass das Kind nur noch einen Elternteil wahrnehmen kann, nämlich den, mit dem es verklammert ist. Von diesem Elternteil wird es einerseits begehrt, andererseits jedoch wegen der inzestuösen Verschmelzungsgefahr gleichzeitig weggestoßen. Es darf sich aber auch nicht zu weit aus der ersatzpartnerschaftlichen Klammer entfernen, weil sich der betreffende Elternteil dann verlassen und potenziell ausgeschlossen fühlt. Sich von dem Ersteren abwenden bedeutet, sich dem zweiten Elternteil zuzuwenden; dann verschwindet aber der erste gänzlich aus dem Blickfeld und gerät jetzt in die Position des ausgeschlossenen Dritten.

Der Begriff Ersatzpartnerschaft beinhaltet auch, dass eine Befriedigung nur ersatzweise möglich ist. Das Kind kann seine wirklichen kindlichen Bedürfnisse nicht befriedigen. Stattdessen erhält es eine narzisstische Gratifikation, indem es als Ersatzpartner in seiner Bedeutung überhöht wird – eine häufige Quelle für inadäquate Größenfantasien. Dieser Befriedigungsersatz ist außerdem instabil, da das Kind stets vom Absturz in die depressive Entwertung bedroht wird, da es ja letztlich nicht besser, wertvoller und befriedigender für den elterlichen Partner sein kann. Wenn die Eltern sich als Paar wieder zusammenschließen, verliert es seine Daseinsberechtigung und hat überhaupt keinen Platz mehr im familiären Beziehungsleben. So kann es den Wunsch, die Eltern als Paar zu erleben und sich als Kind zwischen ihnen geborgen zu fühlen, nicht ohne allzu große Angst vor dem Sturz ins Leere entwickeln. Interpsychisch bedeutet dies, dass das Kind, statt die eigenen Bedürfnisse zu befriedigen, diejenigen des anderen befriedigt. Das heißt, es zieht eine Befriedigung aus diesem Selbstverrat, und so ist der Weg in eine masochistische Unterwerfung nicht mehr weit. Eine Variante dieser ersatzpartnerschaftlichen Funktionalisierung ist die Rolle des Erlösers, die dem Kind angesonnen wird. In der christlichen Vorstellungswelt ist diese Rolle sehr prominent, wenn man etwa an die Weihnachtsbilder denkt, die das Kind als Erlöser vorstellen. Das Kind fühlt sich in dieser Rolle zunächst großartig, wird aber von Selbstzweifeln und Schuldgefühlen geplagt, die freilich oft unbewusst bleiben. Beide Aspekte der Erlöserposition werden uns noch weiter unten beschäftigen.

Strukturell bewirken das Double-Bind-Klima und das Herausbilden ersatzpartnerschaftlicher Beziehungsstrukturen, dass das Beziehungsdreieck in Zweiecke, in erstarrte Dyaden, zerfällt. Besteht beispielsweise eine dyadische Verklammerung mit der Mutter, wird der Vater als Dritter ausgeschlossen und kann gleichzeitig als Projektionsfläche für die abgespaltene Feindseligkeit zwischen Mutter und Kind herhalten. Andererseits wird der Vater jedoch gleichzeitig zum begehrten Dritten, weil er das Kind aus der Personengrenzen überschreitenden verrückten Beziehung mit der Mutter retten soll. Das Dreieck zerfällt dann erneut, die Dyade mit der Mutter schlägt lediglich in eine neue mit dem Vater um. In jedem Fall haben wir es mit vertikalen Bindungs- und Beziehungsstrukturen zu tun. Die Eltern können nicht das Paar sein, das Kind hat keinen Platz als Kind. Aufgrund seiner eigenen ersatzpartnerschaftlichen Fixierung kann es sich später seinerseits nicht als eigenständiger Partner in einer Paarbeziehung fühlen.

In solchen ungetrennten und grenzenlosen Familien sind die Beziehungsfantasien der Kinder durch Austauschbarkeit der Gefühle und Personen gekennzeichnet. Es besteht Unklarheit darüber, wer Vater, Mann oder Sohn beziehungsweise Mutter, Frau oder Tochter ist. Die Destruktivität dieser Ungetrenntheit besteht darin, dass alle keinen festen und begrenzten Platz haben, sondern hin- und herpendeln zwischen Großartigkeitsgefühlen und depressiver Selbstentwertung. Das hat zur Folge, dass immer zwei oder mehr Personen im familiären Beziehungsgeflecht denselben Platz beanspruchen, einen Platz, der eigentlich nur einer Person zusteht. Auf diese Weise geht den Kindern solcher Familien ein geschützter und durch klare Grenzen gesicherter Entfaltungsraum verloren.

Die Beziehungen, die so verinnerlicht werden, gleichen zwei sich überschneidenden Kreisen. Ein echter Kontakt ist hier nicht möglich, sondern nur Verschmelzung und falsche »Als-ob-Beziehungen«. »Echte« Beziehungen dagegen lassen sich beschreiben mit dem Bild zweier sich an der Grenze berührender Kreise. Zwei Partner (Mann-Frau, Kind-Eltern) haben dann echten Kontakt an ihrer Grenze, wenn sie ein klares Bild voneinander haben. Sie müssen nicht stets den Übergriff oder die Entwertung fürchten, wie sie durch die Verschmelzungsbeziehung und den Rollentausch gegeben sind. Bei klaren Grenzen können sie ihren Abstand und ihre Nähe frei und situativ wählen, weil sie nicht gelähmt sind von den beiden Grundängsten, dem Verschlungen-Werden und dem Ausgestoßen-Werden.

Ein Erwachsener, der solche falschen Beziehungsmuster verinnerlicht hat, entwickelt ein gespaltenes inneres Bild von sich selbst. Deshalb kann er auch nur schwer Zugang finden zu seinen eigenen wahren Gefühlen und Bedürfnissen. Er ist sich seiner selbst nie ganz sicher und hat es deshalb schwer, die ihm entsprechende Position in einer Beziehung einzunehmen. Bildlich gesprochen, gelingt es ihm nicht, auf seinem Stuhl zu sitzen beziehungsweise sich in seinem Kreis aufzuhalten.

Von den zahlreichen Möglichkeiten, eine der Situation entsprechende Rollenposition einzunehmen, sind die drei wichtigsten, bezogen auf die beiden Geschlechter:

Mann–Frau

Sohn–Tochter

Vater–Mutter

Entscheidend ist, ob wir dem jeweiligen Gegenüber der Situation angemessen die passende Position einnehmen können, also den eigenen Eltern die des Sohnes beziehungsweise der Tochter, den Kindern gegenüber die des Vaters beziehungsweise der Mutter und dem Partner gegenüber die des Mannes beziehungsweise der Frau. Die Einnahme der entsprechenden Position ermöglicht in der Familie die Entwicklung einer reifen sexuellen Identität. Im Modell der »Heiligen Familie« aber wird genau dies verhindert: Der Ziehvater Josef nimmt nicht die Position des sexuellen Partners an der Seite der Frau ein; der Sohn bleibt deshalb der Mutter gegenüber nicht Sohn, sondern wird Ersatzpartner; die Mutter bleibt Jungfrau und lässt sich als Frau nicht auf einen Mann ein, der ihrer Generation angehört.

Die Menschheit hat in ihren großen Erzählungen, in Mythen und Märchen schon immer von den Gefahren gewusst, die im Geschlechterverhältnis und in der Paarbeziehung für das Kind lauern, wenn die der Situation entsprechende Position durch die Eltern nicht eingenommen wird. Die biblischen Darstellungen und kirchlichen Interpretationen der »Heiligen Familie« spiegeln genau solche Entgleisungen. Im Unterschied jedoch zum Ödipus-Stoff, der lehrt, sich dieser Gefahr bewusst zu werden und sie so zu meistern, fehlt in der christlichen Erzählung und ihrem pädagogischen Vorbildcharakter offenbar die Absicht, ihre darin enthaltene eigene Fehlhaltung sichtbar zu machen und sie zu überwinden.

Das Dreieck ermöglicht symbolisches Denken

Ich möchte noch auf einen anderen Aspekt hinweisen, der die Bedeutung des Dreiecks für die Persönlichkeitsentwicklung verdeutlicht. Die triadische Struktur ist deshalb von grundlegender Bedeutung für die psychische Entwicklung, weil sie dazu beiträgt, das begehrte Liebesobjekt – in der Regel den gegengeschlechtlichen Elternteil – durch Sprache oder Symbole zu ersetzen. Durch diesen Ersetzungsprozess muss das geliebte Objekt nicht anwesend sein, sondern kann in der Abwesenheit innerlich als gegenwärtig erfahren werden. Das hilft dem Kind, sich allmählich aus den Bindungen an die Eltern zu lösen, weil es durch ihre symbolische Ersetzung die Fähigkeit zur Distanz und damit zu Kommunikation und Verständigung erworben hat. Dazu ist es notwendig, dass sich ein Dritter zwischen das Kind und einen Elternteil schiebt und die Zweisamkeit aufbricht. Dieser Dritte wird so zum Repräsentanten des Inzesttabus und damit zum ersten Vertreter der Kultur jenseits der Familienstrukturen. Die Akzeptanz dieses Dritten durch das Kind führt zum Erwerb der dritten Dimension, die es dem Subjekt erlaubt, aus der Dyade herauszutreten und eine distanzierte Position im Hinblick auf die »Welt« einzunehmen. *Die triadische Organisation der Psyche ermöglicht das Leben in der symbolischen Welt und damit in der Kultur.*

Bereits die frühen Bildungsprozesse des Subjekts, die »Spiegelung« des Kindes durch die Mutter, weisen eine trianguläre Struktur auf. Das kleine Kind, das sich im Spiegel der Mutter sieht, braucht einen Dritten, der das Spiegelbild von außen bestätigt. Dieser andere fügt in die Zweiheit von Bild und Spiegelbild die Dreiheit ein und ermöglicht so triadische Strukturen. Erst durch den Dritten im Bunde entsteht so etwas wie Subjektivität, die das Eigene als etwas anderes ausweist, als ein Doppel des Symbiosepartners zu sein. Die Organisation des Psychischen in drei Dimensionen, im Drei-Raum, die eine Bedingung für die Entstehung des Subjekts ist, bedeutet also immer schon einen Abstand vom primären Liebes- und Spiegelungsobjekt.

Die Errichtung dieser triadischen Struktur ist die Voraussetzung für Symbolisierung und Verständigung und damit auch der Garant des Zugangs zur Wirklichkeit »draußen«. Das durch die Sprache und Symbole ausgedrückte Wünschen und Begehren ist gekennzeichnet durch die Abwesenheit des befriedigenden Objekts. Die Fähigkeit, symbolisch und damit verständigungsorientiert zu leben, bedeutet somit immer einen Verlust an unmittelbarer Gegenwart, der eine direkte Erfüllung menschlichen Begehrens unmöglich macht. Diese Abwesenheit des ganz und gar befriedigenden Objekts ist in gewisser Weise der Preis, um den die Verankerung des Menschen im Symbolischen und damit in der Welt der Kultur erkauft ist. Die Abwesenheit des Lustobjekts und der Aufenthalt in der Welt des Symbolischen bilden also zwei Seiten einer Medaille.

Im Klerikerideal der Kirche wird diese Abwesenheit des Lustobjekts in gewisser Weise verhindert, weil in ihm die Fantasie ewiger mütterlicher Versorgung und Liebe auf Dauer gestellt ist. Entsprechend dem Ausschluss des Vaters im christlichen Beziehungsmodell fällt dieser als der Dritte im Bunde aus. Die Folge ist ein Mangel an Fähigkeit, symbolisch zu denken, wie er für viele Kleriker typisch ist. Stattdessen nehmen sie in ihrer Verkündigung die Glaubensinhalte wörtlich und geraten damit in eine Position, die ständige kognitive Dissonanzen erzeugt. Durch die Wiederaufnahme der Piusbrüder mit ihren fundamentalistischen Positionen und ihrer Ablehnung des Projekts der Moderne, die Papst Benedikt XVI. vorangetrieben hat, wird dieser Trend zur Entsymbolisierung der Glaubensinhalte unterstützt. Demgegenüber wäre die Verbindung von reifen Persönlichkeitsstrukturen und der Fähigkeit zu symbolischem Denken in Anschlag zu bringen.

Dreieckskonflikte in der »Heiligen Familie« – Jesus und Ödipus

Von den genannten Entwicklungsaufgaben, die das ödipale Dreieck zu lösen aufgibt, sind die wichtigsten im Modell der »Heiligen Familie«, in der Jesus groß wird, nicht gelöst. Ein Vergleich zwischen Jesus und Ödipus lässt etwas von diesen Konflikten in der zentralen Identifikationsfigur des Christentums erkennen.

Wie Ödipus hat Jesus eine traumatisierte Kindheit durch Heimatlosigkeit, Flucht, Morddrohung und überforderte Eltern. Auch die Eltern des Ödipus waren überfordert und hätten wegen ihrer sexuellen Unreife keine Kinder zeugen dürfen, wie es das Orakel von Delphi gebot. Sie setzten sich über dieses Gebot hinweg und zeugten Ödipus, den sie in die Wildnis aussetzten, weil sie nicht in der Lage waren, ihr Kind großzuziehen. Dieses ausgesetzte Kind wird später unwissentlich zum Vatermörder, um den Mutterinzest zu begehen. Bei Jesus tritt an die Stelle des Vatermordes die Ich-und-der-Vater-sind-eins-Fantasie. Jesus beseitigt den Vater, indem er sich an seine Stelle setzte. Auch hier ist es freilich wieder wichtig zu sehen, dass es die Konstrukteure der Jesus-Figur in den Evangelien waren, die diese ödipale Fantasie umsetzten. Eine weitere Form der ödipalen Vaterbeseitigung durch die theologischen Konstrukteure der Jesus-Figur ist die sexuelle Entthronung des Vaters durch die Jungfrauengeburt. Es gibt nur einen Pflegevater, dem im Neuen Testament praktisch keine Bedeutung beigemessen wird. An seine Stelle tritt der himmlische Vater, der ohne Sexualität und eher ein Abkömmling des mütterlichen Universums des reinen Narzissmus ist, der alles Störenden beraubt ist und der seinem Träger, Christus, die Fantasie göttlicher Allmacht und Grenzenlosigkeit ermöglicht.

Wie Ödipus – unwissentlich, ohne eigene Schuld, sondern aufgrund früher Traumatisierungen – der Mutter gegenüber in eine ersatzpartnerschaftliche Position gerät, so wird auch Jesus zum Partner von Maria, indem der Vater ausgeschlossen wird. Das gibt Jesus das großartige Auserwähltheitsgefühl, wie es für ersatzpartnerschaftlich missbrauchte Kinder typisch ist. Gleichzeitig löst es in ihm tiefe Schuldgefühle aus, die durch die Unterwerfung unter den Willen des Vaters bewältigt werden, worin der spätere christliche Masochismus der Leidensunterwerfung begründet liegt.

Wir haben gesagt, dass die ersatzpartnerschaftliche Position im Familiendreieck die Entwicklung einer reifen sexuellen Identität verhindert. Diese wird auch im christlichen Modell ausgeklammert. Jesus wird nicht als sexueller Mann vorgestellt, vielmehr tritt an die Stelle der Sexualität und der Beziehung zu einer Frau nun das Phantasma eines Reiches, das nicht von dieser Welt ist und das – auf der Ebene des Ichs betrachtet – eine Regression auf die frühe Mutter-Kind-Dyade beziehungsweise auf den damit gegebenen Zustand der Konfliktfreiheit und Beziehungslosigkeit darstellt. Dies sind Erlebnisqualitäten, die »vor« dem Dreieck liegen und auf die dyadische Verklammerung mit der Mutter hindeuten. Das »Himmlische Jerusalem«, als dessen Vertreterin sich später die Kirche versteht, wird somit zum Träger dieser mütterlich bestimmten Vollkommenheitsfantasie. Der heilige Ort des Vereinigungswunsches mit der Mutter und ihrem Paradies ist das »Neue Jerusalem«, ein Bild der mütterlichen Braut, die von der unreinen und störenden Sexualität befreit ist. Das Störende, Schmutzig-Anale und Blutig-Sexuelle wird nach außen projiziert, was sich daran zeigt, dass das Christentum die Tendenz hat, das Ideal des Reinen und Heiligen hochzuhalten und alles, was diesem Ideal widerspricht, nach außen zu projizieren, um es dort zu bekämpfen. Im Christentum sind die Juden zu Vertretern des Schmutzigen, Analen und Sexuellen geworden. Im Antisemitismus wird das auf sie projizierte Störende bekämpft und beseitigt. Dadurch wird, wie später im Klerikerideal (Stellvertreter Christi zu sein, Auserwähltheit durch Berufung), nach innen das Gefühl der narzisstischen Allmacht, Reinheit und Grandiosität aufrechterhalten, welches wiederum hinsichtlich der Erhaltung des hierarchischen Machtgefüges stabilisierend wirkt.

Die ambivalente Lösung des ödipalen Konflikts im christlichen Beziehungsmodell

Erhellend im Vergleich zwischen Jesus und Ödipus ist auch der unterschiedliche Umgang mit den Folgen, die sich für beide aus ihrer ersatzpartnerschaftlichen Position ergeben. Ödipus vollzieht in der Selbstblendung an sich selbst die Strafe, die gleichzeitig sein inneres Sehendwerden bewirkt, das ihn von der frevlerischen Tat des Vatermordes und des Mutterinzests hätte abhalten können. Dies führt zu einem inneren Nachreifungsprozess, an dessen Ende der geläuterte Ödipus steht. Nachdem er aus der Stadt Theben vertrieben wurde und Jahre der Läuterung verbrachte, wird er am Ende seines Wegs als verklärter Heros gnädig in die himmlische Welt aufgenommen (Ödipus auf Kolonos).

Auch ein Vergleich mit dem Judentum ist bezüglich der Lösung des ödipalen Konflikts aufschlussreich. Hier ist die Beschneidung die rituelle Form, sich dem Vatergesetz, das heißt dem Inzesttabu, zu unterwerfen und so den ödipalen Konflikt infolge des Wunsches, den Vater zu beseitigen, zu lösen. Als symbolische Kastration hält sie die Juden davon ab, sich an die Stelle Gottes zu setzen. Die Beschneidung erkennt die Position Gottes an und setzt mit dieser Anerkennung die Sexualität des Mannes frei (vgl. Vinnai 1999).

Im christlichen Lösungsmodell unterwirft sich Jesus zwar einerseits dem Vatergesetz durch seine Kreuzigung, die – so gesehen – die Beschneidung ersetzt. Indem Jesus seinen sinnlichen Leib opfert, wird jedoch alles Sinnlich-Erotische und Leiblich-Sexuelle aufgegeben. Infolge des Schuldgefühls dafür, sich an die Stelle des Vaters gesetzt zu haben, kommt es durch diese Unterordnung aber nicht zur Freisetzung der Sexualität, sondern zu deren Verdrängung bzw. Rationalisierung. Das ist jedoch kein reifer Verzicht, sondern eine ödipale Abwehrstrategie. Zum Verzicht kommt es nicht, weil die Phase der sexuellen Reifung bzw. Nachreifung wie bei Ödipus als Voraussetzung für den Verzicht erst gar nicht durchlaufen wird. Es handelt sich sozusagen um eine zu radikale Lösung des Ödipuskonflikts, bei der das Kind mit dem Bade ausgeschüttet wird. Dies entspricht genau der Tendenz der Ausschaltung des Vaters durch Regression zur Mutter: Am Ende seines Lebens wird Jesus, wie in der christlichen Bilderwelt dargestellt, in den Schoß seiner Mutter gelegt.

Das nicht aufgelöste ersatzpartnerschaftlich-ödipale Schuldgefühl

Entgegen der historischen Tatsache, dass Jesus getötet wurde, weil er Opfer der jüdisch-römischen Konflikte war, wird sein Tod in den Evangelien und den Briefen als freiwillige Hingabe in den Tod interpretiert. Die späteren Theologien – vor allem die des Anselm von Canterbury – machten diese Unterwerfung unter einen sadistischen Vater, der nur durch den Tod seines Sohnes versöhnt werden konnte, zum Zentrum christlichen Erlösungsglaubens. Mit dem Sadismus des Vaters korrespondiert der Masochismus des Sohnes.

Was aber ist das unbewusste Motiv dafür, dass die neutestamentlichen Schriftsteller und späteren Theologen den Mord an Jesus als einen freiwilligen, ja gesuchten Tod und als Unterwerfung und Selbsthingabe an den Willen des Vaters interpretieren? Es kann nur ein heftiges ödipales Schuldgefühl darüber sein, dass sie Jesus an die Stelle des Vaters gesetzt und den Vater auf diese Weise beseitigt hatten. Ähnlich wie Ödipus sich selbst blendet, gibt sich Jesus in den Tod, um auf diese Weise sich selbst und die späteren Gläubigen durch seinen Tod zu erlösen vom Schuldgefühl infolge der Übertretung der ödipalen Grenze. Während bei Ödipus der Sinn der Selbstblendung das innere Sehendwerden ist, tritt bei Jesus an diese Stelle die Auferweckung von den Toten. In der weiteren theologischen Ausgestaltung der Auferweckung wiederholt sich der Vatermord: Durch Jesu Auferweckung soll der Tod für immer vernichtet sein. Der Tod aber ist die Frucht der Anerkenntnis der Rechte des Vaters. Er setzt die Sexualität frei, die immer auch die Anerkenntnis des Todes bedeutet. Durch den Sieg Christi über den Tod ist auch der alte Adam vernichtet. Der alte Adam ist derjenige, der aus dem Paradies vertrieben wurde, der nach dem Genuss der Früchte vom Baum der Erkenntnis von Gut und Böse die Wahrheit über sich als Mensch erfuhr: Nämlich dass das Leben begrenzt ist, dass es die Ambivalenz von Liebe und Hass sowie die Zweigeschlechtlichkeit gibt als Folge des Verlusts der paradiesischen

Gottgleichheit und Gotteinigkeit. Genau dieser Differenzierungsschritt des alten Adam wird durch die grandiose Tat der Auferweckung rückgängig gemacht und dem Menschen wird das Phantasma der göttlichen Unsterblichkeit angesonnen. Indem der Gläubige mit Christus stirbt und begraben wird, hat er Anteil an der Auferstehung, wie es bei Paulus heißt, und damit teil am narzisstischen Phantasma der Unsterblichkeit. Das Ichideal hat auf diese Weise eine weitere Qualität gewonnen, nämlich die, durch den Tod nicht mehr berührbar zu sein. Die Folge ist der Verlust der Differenz zwischen Sterblichkeit und Unsterblichkeit, zwischen Mann und Frau und – in Bezug auf den sexuellen Missbrauch – der Verlust der Differenz zwischen Kind und Erwachsenem. Jesu Tod wird nicht als tragisches Geschehen gedeutet, welches, wenn der Tod angenommen würde, zu Selbsteinsicht und Läuterung führt wie im Ödipusstoff, sondern im Sinne eines unheilvollen ödipalen Sieges über die Realität des Todes, der Sexualität und letztlich des Vaters, der für diese Realitäten steht.

Ich meine damit nicht, dass man dem Tod und der Auferstehung nicht auch eine andere, nämlich mystisch-spirituelle Bedeutung geben kann. Dann wird die Symbolik von Sterben und Auferstehen zum Bild für den inneren Entwicklungsweg vom Ich zum Selbst. Dieser Weg der Transzendierung, der Überschreitung, der von einem erwachsenen Standpunkt letztlich auch den Tod als Illusion durchschaut, führt dann zu einer neuen und anderen Unsterblichkeit, die keine Regression, kein Rückfall ist. Damit es zu solchen Transzendierungsprozessen kommt, bedarf es allerdings eines zuvor gewachsenen stabilen Ichs, welches seine Sterblichkeit, Begrenztheit und Sexualität anerkannt und damit die narzisstische Abwehr überwunden hat.

Zum Klerikerideal gehört jedoch diese Abwehr der Realität von Sexualität und Begrenztheit, ferner die Regression auf die Monogeschlechtlichkeit, indem die Frau und das Weibliche aus der Männergruppe der Kleriker ausgeschlossen bleiben. Nur in Gestalt der um ihre Sexualität und Mannbezogenheit beraubten jungfräulichen Mariengestalt hat das Weibliche seinen Platz in der kirchlichen Männerwelt. Als Mutter, die Schutz gibt und ihre Kinder ernährt, trägt sie einerseits zur Infantilisierung der Männer bei und sorgt darüber hinaus für die mütterliche Signatur des klerikalen Ichideals. Diese Mütterlichkeit garantiert den frühen Zustand narzisstischer Harmonie und Konfliktlosigkeit. Indem sie den Mann durch ihre eigene Jungfräulichkeit der Sexualität beraubt und das narzisstische Ideal der von Beziehungen unabhängigen emotionalen und sexuellen Selbstversorgung installiert, besorgt sie aber andererseits auch eine permanente Kastration des Mannes. Immer wieder hat die Kirche Maria als die Mutter der Priester vorgestellt, der sich diese anvertrauen, weihen und hingeben sollen.

Der Sadomasochismus des Kreuzestodes Jesu

Die sadomasochistische Deutung des Todes Jesu durch die Theologie – ein sich freiwillig dem Leiden unterwerfender Sohn auf der einen und ein sadistischer Vater auf der anderen Seite – offenbart die neurotischen Folgen dieses Ichideals: Fehlentwicklungen der Persönlichkeit mit einer Neigung zur Gewalt bei gleichzeitiger Sanftheit und passiver Unterwerfungsbereitschaft bilden das Persönlichkeitsprofil des gewünschten Klerikertyps. Die Unterwerfung Jesu unter den Vater durch den Kreuzestod drückt nämlich gleichzeitig die Rebellion des Sohnes gegen ihn aus: In der Auferstehung nimmt dieser gleichsam die eigene Unterwerfung zurück und besiegt damit den Vater. Der Sohn steht nun endgültig im Zentrum der Verehrung und damit an des Vaters Stelle. Insofern kann man die masochistische Unterwerfung unter das Kreuz als Rückkehr zur ersatzpartnerschaftlichen Position an der Seite der Mutter lesen, begleitet vom Phantasma der Zweieinheit mit ihr infolge der Ausschaltung des Vaters. Der Lustgewinn, den der Masochist aus der Unterwerfung und Selbstquälung bezieht, besteht nämlich darin, dass der erlittene Schmerz nicht in die Reife des erwachsenen Lebens führt, sondern in die ideale Welt der Spannungsfreiheit und des Narzissmus. Davon zu unterscheiden ist der natürliche Masochismus, der dem unvermeidlichen Leiden einen Sinn abzugewinnen sucht.

Entwicklungspsychologisch entsteht die negative masochistische Einstellung dadurch, dass sich das Kind mit der hilflosen und sich unterwerfenden Mutter identifiziert, die, weil sie selbst unreif ist (Jungfrau), sich die Zurückweisung durch den Mann gefallen lässt. Wenn es zu keiner partnerschaftlichen Beziehung kommt und das Kind an den Eltern nicht lernen kann, wie sich beide auseinandersetzen, ohne dabei unterzugehen, kommt es nicht zu einer das Ich des Kindes aufbauenden Identifizierung mit der Mutter. Steht dem Kind ein solches Partnermodell nicht zur Verfügung, bleibt ihm nur die Identifikation mit der Unterwerfungsbereitschaft der Mutter (Maria: »Mir geschehe nach deinem Wort«), und es wird selbst jemand, der sich unterwirft. Da aber die Aggression in der masochistischen Position abgespalten ist, drängt sie auf dem Weg des Sadismus an die Oberfläche: Sadismus und Masochismus gehören zusammen. Dies zu verstehen ist für das Psychogramm des gewalttätigen und übergriffigen Klerikers besonders wichtig, da er über die Identifikation mit der unterwürfigen Jungfrau als dem kollektiven Selbstsymbol der klerikalen Kirche die sadomasochistische Position in sich aufbaut und sie mit einer höheren Weihe umgibt.

Ich möchte ein paar Sätze von Theodor Reik zur Lust des Masochismus zitieren:

»Der Masochist braucht einen Zeugen seiner Unlust, seines Schmerzes, seiner Erniedrigung – er zeigt seine Strafe, seine Schuld. Er braucht aber denselben Zeugen, um zu beweisen, wie vergeblich, wie sinnlos, ja wie lustbefördernd die Strafe war, ja wie sie zum Genuß wurde. Er führt die Strafe vor Augen, aber auch ihr Fehlschlagen. Er zeigt seine Unterwürfigkeit, gewiß, er zeigt aber auch seine nicht bezwingbare Unbotmäßigkeit« (Reik 1983, 185).

Diese Lust ist also keine reife, die auf einer selbst verantworteten Sexualität beruht, sondern sie umgeht diesen Reifungsschritt und fällt infolge des ersatzpartnerschaftlichen Missbrauchs zurück auf eine vorödipale Entwicklungsstufe, in der das Phantasma der Einheit mit der Mutter aktiviert wird, wie es im Ichideal aufgehoben ist. Nicht das begrenzte Glück in der diesseitigen Welt wird gesucht, sondern auf dessen Kosten das grenzenlose Glück in einer jenseitigen Welt, die keine Beschränkungen kennt.

Genau diese Ambivalenz von Unterwerfung und Lustgewinn aus der Verkehrung der Unterwerfung in einen Triumph begegnet uns in der Christuspassion. Dieses masochistische Modell ist dann als kollektives Idealbild eines erlösten Lebens in die Vorstellung der Kirche eingegangen. So entstand ein religiöser Masochismus, der sich zu einer eigenen kirchlichen Kultur mit ihren spezifischen Ritualen ausgewachsen hat. Dazu gehören beispielsweise körperliche Züchtigungen und Bußhandlungen, wie sie in vielen Gruppierungen der Kirche wie etwa dem Opus Dei oder anderen ordensähnlichen Gemeinschaften zur religiösen Praxis gehören. Auch die Leidensmystik und die Identifikation mit dem leidenden Christus am Kreuz begünstigen eine neurotische Leidenssuche, die mit einer gesunden Akzeptanz des unvermeidlichen Leidens nichts zu tun hat. Man muss das Leiden eben auch hassen können, wenn man es überwinden will, und darf es nicht nur lieben und suchen, um darin ein Zeichen der Auserwähltheit durch Gott zu entdecken nach dem Motto: Wen Gott liebt, den züchtigt er!

Die masochistische Einstellung gräbt sich tief ins Unbewusste eines Priesters ein, wenn er Tag für Tag im Hochgebet der Messe spricht: »Am Abend, als er ausgeliefert wurde und sich aus freiem Willen dem Leiden unterwarf, nahm er das Brot und sagte Dank …« Diese Worte haben rituelle Bedeutung, denn sie sind Bestandteil des Messritus und nehmen in ihm eine besonders herausgehobene Stellung ein: Mit ihnen wird die Wandlung eingeleitet, also der Einsetzungsbericht des Abendmahls, der Höhepunkt der Messe. Nach katholischer Auffassung werden diese Worte durch den Mund des Priesters nicht einfach wiederholt, vielmehr vollzieht sich in ihnen der Opfertod Jesu und wird im Jetzt gegenwärtig unter denen, die das Ritual vollziehen. Durch die Teilnahme verleiben sich die Gläubigen über das Essen und Trinken des Leibes und Blutes Christi den leidenden Christus ein, um dadurch an seiner Auferstehung Anteil zu erhalten. Die beabsichtigte Identifizierung mit dem leidenden Christus wirkt deshalb so tief, weil über das Ritual eine sinnlich-unbewusste Ebene angesprochen und erreicht wird, die in verborgenere Seelenschichten als in Verstand und Denken hineinreicht.

Der sich ständig wiederholende Vollzug dieses Ritus – der Kleriker soll ihn täglich vollziehen – bewirkt, dass sich seine Inhalte zur seelischen Struktur verdichten. Auch die Gläubigen, die diese Botschaft in verschiedenen Varianten hören, verinnerlichen die Vorstellung, dass freiwilliges Leiden einen hohen Wert besitzt, ja eine göttliche Tugend ist. Sie durchschauen nicht mehr, wie neurotisch eine Einstellung ist, die das Leiden freiwillig sucht. Auch die Seligpreisung »Selig sind, die Leid tragen« (Matthäus 5, 4), und die Empfehlung, das Kreuz auf sich zu nehmen in der Nachfolge des leidenden Gottesknechtes Jesus (Markus 8, 34), hat sich tief in die kollektive Gedächtnisgeschichte des Christentum eingenistet. So begünstigt sie eine sadistische Einstellung anderen gegenüber, die sich in den Entgleisungen, Entgrenzungen und körperlichen und seelischen Gewaltakten des Missbrauchs zeigt.

Ich bin nicht der Meinung, dass die hier vorgetragenen masochistischen Aspekte des Leidens Jesu und seiner rituellen Vergegenwärtigung die einzige Deutungsmöglichkeit des Todes Jesu sind. Im letzten Teil werde ich einige Hinweise dazu geben, wie diese neurotische Sicht zugunsten eines heilsamen Verständnisses von Tod und Auferweckung Jesu überwunden werden kann. Aber ich glaube, dass der hier skizzierte christliche Masochismus den Mainstream im Glaubensbewusstsein der Kirche und vieler christlich geprägter Menschen darstellt, auch wenn er theologisch sicher nicht die einzige Strömung ist.

Zur Dynamik der sadomasochistischen Identifizierung gehört auch die Neigung zur Gewalt und zum Grenzverlust, denn Unterwerfung, Leiden und Verzicht sind auf vielfältige Weise verschränkt mit der sadistischen Neigung, andere zu erniedrigen oder zu quälen. Diese Aufladung mit Gewalt wird in dem Maße gefördert, wie die eigene Aggression nicht gelebt werden darf. Dies gilt für die christliche Leidensunterwerfung in besonderer Weise. In den Gewaltdurchbrüchen kehrt die gehemmte Aggression zurück und entlädt sich in sadistischer Weise an anderen, die als Sündenböcke herhalten müssen. Die Geschichte des Christentums ist voll von gewaltsamen Exzessen gegen andere, die als Ungläubige, Ketzer, Abtrünnige, Frauen und im Falle des Missbrauchs eben auch Kinder und Schutzbefohlene gequält werden. Das Leiden wird dabei als Läuterung verklärt, die im Dienst eines höheren Ideals steht. Als Beispiel für die Sexualisierung der Gewalt kann eine Szene stehen, wie sie Luca Signorelli in seinem berühmten Fresko des Jüngsten Gerichtes im Dom von Orvieto dargestellt hat (vgl. *Abb. 6*). Der in der Szene dargestellte sadistische Akt der Erniedrigung einer Frau ist hoch sexuell aufgeladen, was aber gleichzeitig unter dem Vorwand der gerechten Bestrafung für ihr Vergehen rationalisiert wird.

Das Lustgefühl des Auserwähltseins der Täter als Vollzieher dieser Läuterung begegnet uns in vielen Formen sexuellen Missbrauchs. Es wird durch die Erniedrigung der Opfer bewirkt und dann rationalisiert, beispielsweise durch eine vorgeschobene Sorge um das Seelenheil oder die Gesundheit, wenn etwa ein Pater »aus medizinischen Gründen« die Vorhaut am Penis eines Schülers zurückzieht, um sie zu dehnen. Auch rituelle Praktiken, wie sie aus der Liturgie bekannt sind, werden pervertiert, um damit die sexuelle Gewalt zu verklären, beispielsweise wenn die Genitalen eines Schülers von einem Geistlichen mit geweihtem Öl gesalbt werden, um ihn zum Mann zu machen. Hier tritt das später zu erläuternde barocke Prinzip »Zur größeren Ehre Gottes« in destruktiver Gestalt als Form der Heiligung sexualisierter Gewalt auf.

Für das Verständnis des sexuellen Missbrauchs im kirchlichen Umfeld ist die Verbindung des religiösen Masochismus mit der Sexualität von besonderer Bedeutung. Es können hier nur einige Hinweise auf dieses weite Feld gegeben werden, welches zu fehlgeleiteten Einstel-

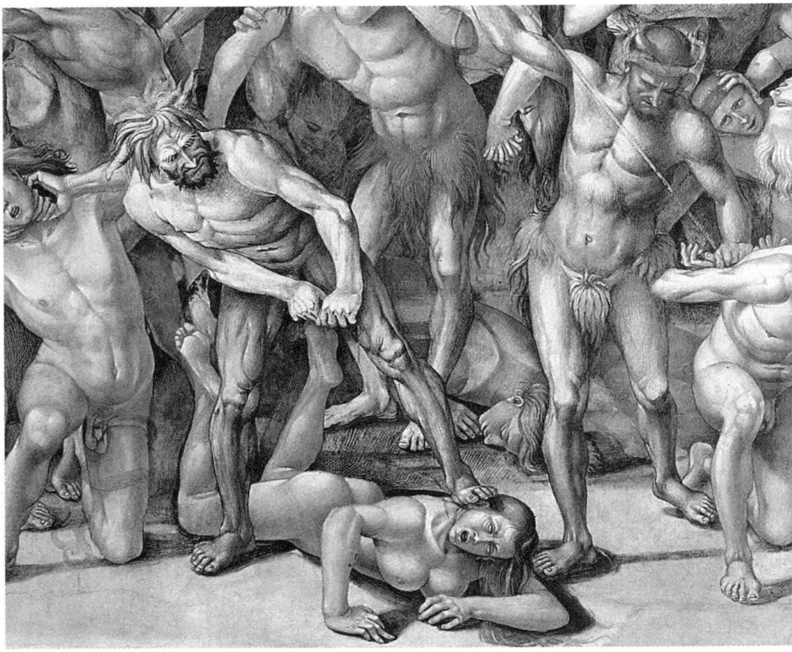

Abbildung 6: Luca Signorelli, Die Verdammten (1528-1530), Briziuskapelle im Dom von Orvieto (Ausschnitt) FOTO: BPK/SCALA

lungen im Hinblick auf den eignen Körper und den des Anderen geführt hat. Die Sexualisierung des religiösen Masochismus wird durch die sexual- und körperfeindliche Einstellung, die das kollektive Ichideal eines das Körperliche überwindenden Selbst hervorbringt, weiter gefördert. Sie leitet sich ab von dem sadistischen Bild, dass sich die göttliche Liebe in der Gestalt eines blutigen Gewaltaktes am Kreuz in der Welt offenbart. Nicht die Liebe zwischen zwei Menschen wird zum Ort der Mitteilung göttlicher Liebe, sondern die Hinrichtung eines Menschen am Kreuz. Liebe wird mit Blut in Verbindung gebracht, aber nicht mit dem Blut der Frau, das bei Zeugung und Geburt eine Rolle spielt, sondern mit dem Blut des Hingerichteten. Durch das Blut wird der sadomasochistische Akt der Kreuzigung mit der Sexualität verbunden. Die Blutmystik spielt in der Geschichte des Christentums eine große Rolle. Als ein Beispiel für viele soll hier die Heilige Katharina von Siena genannt werden, bei der sich das Blut der Hochzeitsnacht mit dem Blut Jesu am Kreuz verbindet:

»Da fühlte ich ein Frohlocken und einen Geruch seines Blutes, und es war nicht ohne den Geruch des meinen, das ich vergießen möchte für den liebsten Bräutigam Jesus. Während das Verlangen in mir wuchs und ich die Furcht fühlte, die ihn bewegte, sagte ich: Mut mein lieber Bruder! Bald wird Hochzeit sein. Du wirst hinkommen, getaucht in das Blut des göttlichen Sohnes mit dem süßen Namen Jesus« (Katharina von Siena, Gottesvorsehung, zitiert nach: Vinnai 1999, 129.)

Vor allem in den bildlichen und literarischen Darstellungen der christlichen Märtyrerlegenden setzt sich die sadomasochistische Praxis fort und verbindet sich mit der Sexualisierung des Martyriums. Die vielen Darstellungen des lustverzückten Leidens in den Heiligenlegenden nehmen durchaus pornografischen Charakter an. Nur im leidenden und gequälten Leib scheint die Lust an der Sexualität ihren legitimen Platz zu haben. Man denke etwa an den gesteinigten Stephanus, den von Pfeilen getroffenen nackten Leib des Heiligen Sebastian, die abgeschnittene Brust der Heiligen Agnes oder die lustvolle Verfolgung und Hinrichtung der Frauen, die als Hexen hingerichtet wurden. Immer geht es um die Dämonisierung des sexuellen Körpers, der vernichtet wird, sie ist es, die Lust erzeugt. Auf diese Weise tritt die Körperlichkeit, die ja gerade überwunden werden soll, auf perverse Weise ins Zentrum der Aufmerksamkeit. Es entstehen Doppelbotschaften, weil einerseits der Körper auf das Geistige hin relativiert und transzendiert werden soll, aber gleichzeitig wird die detailgenaue Zurichtung und Vernichtung des Körpers in einer Art vor Augen geführt, die man durchaus als pornografisch beschreiben kann. In den martyrologischen Erzählungen der Kirche gipfelt die Zerstörung des Leibes in der Verkehrung des Schmerzes in höchste Wollust. In dieser Verkehrung kommt das Ichideal zum Ziel: Die himmlische Freude wird gefunden in einem vom Körperlichen befreiten idealen mütterlichen Urzustand. Diese Rückkehr zur Mutter, die in der Grablegung Christi in den Schoß seiner Mutter ihre christliche Urszene hat, dient als Vorbild dieser verdrehten Welt und besorgt gleichzeitig deren Sexualisierung: Nur im Leiden kann sinnliche Lust erlebt werden, nur hier hat diese ihren legitimen Ort (vgl. Sorgo 1997). Gleichzeitig bezeugen die Geschichten von den Märtyrern, dass sich die sinnliche Lust nicht aus der Übernatur entfernen ließ. Wegen des hohen Ideals konnte sie nur in der perversen Form des Leidens und des Schmerzes erlebt werden. Der eigene und der fremde Körper wurden Opfer dieser Exzesse.

Eine besonders subtile Form der sadistischen Erniedrigung anderer findet sich im sozialen Leib Christi, in der Kirche. Dieser ist gespalten in die beiden Gruppen Kleriker und Laien. Hier wirkt sich die sadomasochistische Dynamik besonders gravierend aus. Nur von der Psychodynamik des Masochismus her ist es zu verstehen, wie eine Gemeinschaftsreligion der Liebe, in der sich alle als Brüder und Schwestern sowie Kinder des einen Vaters verstehen sollen, eine solche radikale Aufteilung in zwei Menschengruppen herausbilden konnte, die sich der kirchlichen Lehre zufolge sogar ontologisch, also ihrem Wesen nach, unterscheiden. Die Wut des Kirchenvolks auf den Missbrauch durch Kleriker speist sich auch aus dieser Entwertung, die umso schmerzhafter ist, je mehr sie durch theologische Klimmzüge wie den Hinweis auf das Priestertum aller Gläubigen rationalisiert wird.

Die Wunde, die nicht heilen kann: Die Dynamik des Klerikerideals

Aus psychoanalytischer Sicht wird nun das geheime Band sichtbar und verständlich, das zwischen dem Zölibat, der Verweigerung der Zulassung von Frauen zum Priesteramt und der zentralen Position des männlichen Priesters in der katholischen Kirche besteht. Jenseits aller theologischen Begründungen scheint das hohe narzisstische Klerikerideal keine Befriedigung durch etwas so Irdisches wie die Sexualität zu vertragen. Diese würde die auf Idealisierung gründende Machtposition, die der Priester hat, schwer erschüttern. Seine Position wird durch das Ausblenden der Sexualität gefestigt, denn dadurch wird er eingebunden in ein subtiles sakrales Machtsystem, welches gerade aufgrund der narzisstischen Gratifikation für die Idealisierung so attraktiv ist für traumatisierte Menschen. Wäre der Priester durch triebhafte Erfüllung befriedigt, könnte er auf diese Position verzichten und würde so das Ganze des klerikalen Systems infrage stellen.

Das Problematische des Klerikerideals ist also nicht die Lebensform des Zölibates also solche, sondern die Rigidität, mit der Sexualität und Narzissmus, die Realität des Triebes und das Ichideal voneinander getrennt werden. Diese Trennung durchzieht nicht nur die katholische Morallehre, sondern bildet auch eine Entwicklungslinie in der theologischen Konstruktion dessen, was man die christliche Offenbarung nennt. Auf die Gefährlichkeit dieser Spaltung habe ich unter Verweis sowohl auf die Zerstörung des Goldenen Kalbs bei der mosaischen Religionsgründung am Sinai als auch auf die Apokalypse des Johannes hingewiesen. Wenn sich diese Bereiche – Trieb und Narzissmus, Realität und Ideal – entmischen, werden wie bei einer Kernspaltung im physikalischen Bereich enorme destruktive Kräfte freigesetzt. Der sexuelle und körperliche Missbrauch von Kindern und Jugendlichen kann als ein solcher destruktiver Durchbruch verstanden werden, der zu Grenzverlust und traumatisierenden Übergriffen führt und darin gleichzeitig, wie oben aufgezeigt, seine Ursache hat. Es sind sicher auch gesellschaftliche Gründe, die zum Verlust des Anderen im Akt sexueller Gewalt führen, aber der innere, dynamische Kern besteht aus der Spaltung der Kleriker in einen asexuellen sakralen und einen sexuellen körperlichen Leib als Folge der masochistischen Unterwerfung unter ein asexuelles Ideal.

Diese Pathologie begegnet uns natürlich nicht nur in der Kirche, aber diese bietet ein psychologisches Milieu, in dem solche Fehlentwicklungen besonders begünstigt werden.

Es ist interessant, dass die Aufdeckung der Missbrauchsfälle etwa zur gleichen Zeit erfolgte, wie die Wiederzulassung des tridentinischen Messritus und die Zurückholung der äußerst konservativen Piusbruderschaft in die Kirchengemeinschaft. Ist das Zufall? Oder drückt sich darin der Versuch aus, die kirchliche Entwicklung seit dem Zweiten Vatikanischen Konzil wieder zurückzuentwickeln, was offenbar den Druck in der Kirche dermaßen erhöht, dass die Dekompensation wie sexueller Missbrauch, dessen Öffentlichwerden und das Agieren der Kirche in der Öffentlichkeit an der Stelle einsetzt, an der die Kirche am empfindlichsten zu treffen ist, nämlich in der Befleckung ihres Kleriker-Ichideals.

Die Entwertung der Sexualität zugunsten des Ideals der Jungfräulichkeit

Die Entwertung des Triebhaften und Körperlichen bewirkt, dass aus der Religion der Liebe eine Religion der Schuldgefühle wird. Durch die Bekämpfung der Sexualität wird diese aber paradoxerweise zugleich ins Zentrum der Aufmerksamkeit gerückt. So macht etwa Augustinus, der beim Übergang des Christentums von der Spätantike ins frühe Mittelalter dafür die Weichen gestellt hat, seine theologische Lehre von der Erbsünde am Beispiel der Sexualität fest und sexualisiert so diese Lehre. Die Folge ist eine fatale Abwertung und Verteufelung der Sexualität und der Frauen. Eigentlich hatte Augustinus ein spirituelles Ziel vor Augen, nämlich das Glücksstreben des Menschen in höhere Bahnen zu lenken und damit dem Selbst und seiner Verwirklichung beizustehen. Augustinus spricht von Gott als dem höchsten zu erstrebenden Gut, durch das der Mensch sein Glück findet. Dieses höchste Gut ist um seiner selbst willen zu erstreben. Nur in Gemeinschaft mit dem höchsten Gut findet der Mensch zur Ruhe und kommt zu sich selbst. Um von diesem mystisch-spirituellen Ziel nicht abgelenkt zu werden, soll der Mensch die irdischen Dinge nur gebrauchen (lat. *uti*), während er Gott als das höchste Gut genießen (*frui*) darf. Aufgrund eines inneren Begehrens (der Konkupiszenz) verfällt der Mensch aber den vergänglichen Dingen, die er schließlich vergötzt. Dieses Streben nach Genuss der irdischen Güter entspringt der Selbstsucht (*amor sui*), welche ihn in Gestalt der Süchte und Triebe bestimmt. Das Glück und das wahre Selbst werden nicht mehr bei Gott, sondern in den Dingen gesucht. Das Wie-Gott-sein-Wollen ist also die Frucht einer Verkehrung: Das ursprünglich gute Streben der Seele nach dem höchsten Gut wird verkehrt zur Hybris.

Mit dem Begriff der Konkupiszenz wird nun das Begehren, wie Gott sein zu wollen, als fleischliche Lust identifiziert. Damit einher geht eine Abwertung der Frau als Ziel des sexuellen männlichen Begehrens. Frauen und Sexualität werden deshalb aus männlicher Sicht entwertet, weil sie dem vermeintlichen Ideal des Strebens nach Vollkommenheit im Wege stehen. Diese Entwicklungslinie der Abwertung des Sexuellen bei Augustinus findet über 1000 Jahre später auf dem Konzil von Trient seine dogmatische Bestätigung, wenn die Versammlung erklärt, derjenige sei ausgeschlossen, der Mutterschaft und Ehe über die Jungfräulichkeit stelle.

Diese Höherbewertung des Ideals der Jungfräulichkeit hängt offenbar damit zusammen, dass mit dem Ende des Mittelalters und dem

Beginn der Neuzeit die Epoche zu Ende ging, in der die körperliche Sinnlichkeit der geistigen Übernatur des Menschen wie selbstverständlich geopfert wurde. Hatte bisher die Lust nur in ihrer perversen Form als Schmerz und Qual ihren legitimen Platz, so macht sie sich in der Renaissance zunehmend frei von der Dominanz des geistigen, sinnlichkeitsfreien Ichideals – ein Prozess, der durchaus als Vorläufer der modernen Befreiung der Sexualität aus der kirchlichen Bevormundung gelesen werden kann. Dies erforderte nun gleichzeitig eine veränderte Strategie der Kirche im Umgang mit der neu erwachten Sinnlichkeit. Als Beispiel, in dem die ganze Ambivalenz dieser Emanzipation zum Ausdruck kommt, sei die bekannte Darstellung der Sixtinischen Madonna von Raffael (vgl. *Abb. 7*) genannt, die in der Dresdner Gemäldegalerie zu sehen ist und die wegen ihrer Schönheit bis heute die Menschen in ihren Bann zieht.

Aber das Bild offenbart neben seiner Ästhetik auch den unbewussten Konflikt, der dem Klerikerideal innewohnt. Ich wurde in meiner Sicht auf diese Bild inspiriert durch die kulturpsychoanalytische Arbeit Friedrich Diergartens (2003), der in seinen Studien zu Verdrängungsphänomenen im Christentum die Ambivalenz in der Darstellung herausgearbeitet hat.

Zunächst fällt auf, dass die Madonna hinter einem Vorhang erscheint, der gerade weggezogen wurde, so als wäre das bisher Verhüllte (das Unbewusste und Sinnliche) jetzt dem Blick und dem Bewusstsein freigegeben. Was gezeigt wird, ist vom Inhalt her das alte Motiv, die jungfräuliche Mutter ohne Mann, aber mit ihrem Sohn in ersatzpartnerschaftlicher Beziehung. Von der Form her wird allerdings etwas ganz anderes mitgeteilt: Nämlich eine schöne junge Frau, die den Blick des Papstes Sixtus auf sich zieht, der die Jungfrau gleichzeitig mit einer Zeigegeste den Blicken der Zuschauer empfiehlt. In höchstem Maße paradox mutet die Darstellung deshalb an, weil sie einen traditionellen Inhalt mit einer neuen, die Sinnlichkeit freisetzenden Form verbindet. Erinnern wir uns: Bis ins Mittelalter hinein, vor allem in der Darstellung der Märtyrerlegenden, wurde die sinnliche Lust an

Abbildung 7: Raffael, Sixtinische Madonna. Maria mit Christuskind, Papst Sixtus II. und der Heiligen Barbara (1513-1514), Dresden, Gemäldegalerie Alter Meister. Ursprünglich Hochaltar von San Sisto in Piacenza, Italien FOTO: BPK/STAATLICHE KUNSTSAMMLUNGEN

den Schmerz und die Qual gebunden. Hier nun koppelt Raffael die Lust am schönen Körper vom geistigen Ziel der Loslösung und Überwindung des Körpers und seiner Sinnlichkeit ab. Der geöffnete Vorhang enthüllt die Sinnlichkeit der Natur und nicht die entsexualisierte Vergeistigung der Jungfräulichkeit. Hier haben sich auf den ersten Blick die Sinnlichkeit und Lust an der Schönheit des Körpers gegen die sadomasochistische Form der Sexualisierung des Martyriums durchgesetzt.

Der zweite Blick offenbart allerdings noch etwas anderes. Dazu muss man wissen, dass Jungfräulichkeit in der Tradition als eine Form des Martyriums galt. Das Martyrium kommt in der Figur Papst Sixtus', der im 3. Jahrhundert als Märtyrer starb, ebenso zum Ausdruck wie in der Heiligen Barbara, die, als dritte erwachsene Figur auf dem Bild, ebenfalls Blutzeugin war. Es sind drei Märtyrer, also traumatisierte Menschen, die das Personendreieck bilden.

Verkehrte Beziehungen: Funktionalisierung des Kindes

Um die Paradoxie des Bildes zu erfassen, muss man sich die Doppelbotschaft bewusst machen, die auch in der Anordnung der Figuren zum Ausdruck kommt. Der Papst wird hier zum Repräsentanten des Klerikers, der stellvertretend für das Volk sowie für Christus und die Kirche steht. Er schaut die Jungfrau bewundernd, verehrend und anbetend an, hat aber keinen wirklichen Kontakt zu ihr. Der Blick der Jungfrau geht entsprechend dieser beziehungslosen Beziehung ins Leere, er trifft kein Gegenüber. Hier wird also genau jenes Beziehungsmodell präsentiert, welches für das Klerikerideal so typisch ist: Indem der Mann mit dem Kind identifiziert bleibt (der Papst ist Stellvertreter Christi), nimmt er keine erwachsene männliche Beziehung zur Frau auf. Er idealisiert sie, begehrt sie aber nicht. Weil diese erwachsene Beziehung fehlt – sie würde das triangulierende Dritte in der Dyade zwischen Mutter und Kind ausmachen –, fällt das Kind der Funktionalisierung als mütterlicher Ersatzpartner und damit seiner

Missachtung als Kind anheim, weil es aus dem erwachsenen Beziehungsdreieck ausgeschaltet wurde. Es hat in der kindlichen Beziehung des Papstes zur Jungfrau keinen Platz, und entsprechend leer und starr ist sein Blick. Es ist der Verlust des Anderen, der Verlust des Kindes, der uns hier als Folge einer fehlenden partnerschaftlichen Beziehung zwischen einem sexuellen Mann und einer sexuellen Frau vor Augen geführt wird. Insofern enthüllt der beiseite geschobene Vorhang auch den tieferen, unbewussten Bedeutungsgehalt der dargestellten Szene.

Mit Raffaels Bild ist die Sinnlichkeit zwar befreit von der Perversion des Sadomasochismus im Märtyrertum, aber sie ist jetzt gekoppelt an eine unreife, klerikale Form der Beziehung, die sich nicht auf Augenhöhe zweier erwachsener Menschen abspielt. Verkehrte Beziehungsverhältnisse zwischen den Geschlechtern sind die Folge: Einerseits wird die Frau als asexuelle sinnlich und kindlich verehrt, andererseits wird die sexuelle Frau entwertet und verfolgt.

Eine solche frauenverachtende Position vertritt etwa der Heilige Alfons von Liguori. Er meint, auch für eine schwer kranke Frau bestünde die Pflicht zum Beischlaf, weil sonst der Mann zu Ehebruch oder Onanie verleitet werde. Das Ideal rangiert vor der Person. Auch die Hexenverfolgung am Beginn der Neuzeit muss, wie bereits erwähnt, im Zusammenhang mit der Verachtung der sexuellen Frau gesehen werden. Wer den Sexualtrieb derart zum Feinde macht wie die Kirche, der muss auch die Frau zum feindlichen Gegenüber machen und sie bekämpfen.

Raffael Santi malte seine Bild am Vorabend der Reformation, als Martin Luther seine Thesen an die Tür der Schlosskirche zu Wittenberg heftete. Luther hat zwar den asketischen Aspekt eines christlichen Lebens zurückgewiesen, aber die Heirat des Augustinermönchs war eher ein symbolischer Akt als eine Überwindung des asketischen Ideals. Zu tief saßen die Entwertung der Sexualität und deren Verknüpfung mit dem Ichideal, als dass sie durch eine Heirat einfach hätten überwunden werden können. Luther teilt die Auffassung, dass das Geschlechtliche eine Brutstätte der Sünde sei, wenn er feststellt: »Alle sind wir Hurentreiber.« Für Luther wie für Paulus ist die Ehe ein Zugeständnis an die sexuelle Schwäche des Menschen. Indem er die Ehe jedoch zum weltlichen Ding erklärt, entzieht er ihr die sakrale religiöse Bedeutung.

Uns interessiert hier aber weiter die katholische Entwicklung. Das Konzil von Trient mit seiner Installation des Klerikerideals als die Antwort der katholischen Kirche auf die Reformation haben wir bereits erwähnt. Mit diesem Konzil beginnt die Zeit der Gegenreformation, die sich vor allem in barocker Überschwänglichkeit auf die Seite der Sinnlichkeit schlägt, gegen die reformatorische Vergeistigung des Menschen. Auch hier haben wir es wieder mit paradoxen Prozessen zu tun: Einerseits wird das entsexualisierte Klerikerideal in der Kirche zum Leitbild des katholischen Christen, andererseits dominiert in der kirchlichen Kunst und künstlerischen Inszenierung das Körperlich-Erotische und Sexuelle. Als Beispiel soll Gianlorenzo Bernini (1598-1680) genannt werden, dessen Kunst im barocken Rom allgegenwärtig ist: die Kolonnaden des Petersplatzes, der Baldachin über dem Papst-Altar in St. Peter, der Vierströmebrunnen auf der Piazza Navona. Die Tendenz der Versinnlichung und Erotisierung des Geistigen findet ihren Höhepunkt in Berninis Statue der Heiligen Teresa von Avila (vgl. *Abb. 8a* und Detail *8b*), der spanischen Mystikerin des 16. Jahrhunderts.

Ein Engel ist im Begriff, die Heilige mit einer Lanze zu durchbohren, wie sie es selber in ihren Aufzeichnungen immer beschrieben hat. Sie wird gezeigt im Augenblick ihrer mystischen Verzückung, wobei das Ganze die Anmutung eines sexuellen Orgasmus annimmt, was den Kunsthistoriker Jacob Burckhardt so irritiert hatte, dass er meinte, das Werk habe nichts in einer Kirche verloren, sondern gehöre eher in ein Freudenhaus als Ausstellungsort (vgl. Diergarten 2003, 304).

Dabei setzt Bernini in Stein das um, was die Heilige selber berichtet:

»Ich sah einen Engel neben mir, an meiner linken Seite, und zwar in leiblicher Gestalt [...] Er war nicht groß, eher klein, sehr schön, mit einem so

Abbildung 8a: Bernini, Verzückung der Heiligen Teresa (1645-1652), Marmor, Cappella Cornaro, Santa Maria della Vittoria, Rom

FOTO: BPK/SCALA

Abbildung 8b: Bernini, Verzückung der Heiligen Teresa (1645-1652), Marmor, Cappella Cornaro, Santa Maria della Vittoria, Rom (Ausschnitt)

FOTO: BPK/SCALA

leuchtenden Antlitz, dass er allem Anschein nach zu den Engeln gehörte, die so aussehen, als stünden sie ganz in Flammen [...] Ich sah in seinen Händen einen langen goldenen Pfeil, und an der Spitze dieses Eisens schien ein wenig Feuer zu züngeln. Mir war, als stieße er es mir einige Male ins Herz, und als würde es mir bis in die Eingeweide vordringen. Als er es herauszog, war mir, als würde er sie mit herausreißen und mich ganz und gar brennend vor starker Gottesliebe zurücklassen. Der Schmerz war so stark, dass er mich diese Klagen ausstoßen ließ, aber zugleich ist die Zärtlichkeit, die dieser ungemein große Schmerz in mir auslöst, so überwältigend, dass noch nicht einmal der Wunsch hochkommt, er möge vergehen, noch dass sich die Seele mit weniger als Gott begnüge.«

Teresa muss sich der Doppelbödigkeit ihrer Schilderung wohl bewusst gewesen sein, sodass sie diese sofort wieder zurücknimmt:

»Es ist dies kein leiblicher, sondern ein geistiger Schmerz, auch wenn der Leib durchaus Anteil daran hat, und sogar ziemlich viel« (Teresa von Avila, »Das Buch meines Lebens«, Kapitel 29, 13).

Für unsere Frage nach den psychodynamischen Hintergründen des Missbrauchs in der Gedächtnisgeschichte der Kirche ist die Auflösung der Paradoxie interessant, die ja zwischen den Sinnlichkeitsverboten auf der einen und der äußerst sinnenfreudigen Kunst des kirchlichen Barock auf der anderen Seite besteht. Diergarten sieht den Grund, warum die Kirche ihr Sinnlichkeitsverbot unterlaufen kann, in dem jesuitischen Motto der barocken Gegenreformation: »Omnia ad majorem Dei gloriam – Alles zur größeren Ehre Gottes« (Diergarten 2003, 305).

Bernini stand den Jesuiten sehr nahe, und er ahnte wohl, dass unter diesem Motto die Sinnlichkeit und die Sexualität unter dem Segen der Kirche legitimiert werden konnten. Unter dem Dach der Kirche und zur größeren Ehre Gottes kann dann sogar der Orgasmus einer Frau in ihren Räumen gezeigt werden, und zwar an zentraler Stelle, hinter dem Altar in der Cappella Cornaro der Kirche Santa Maria della Vittoria in Rom.

Dies zeugt nun aber keineswegs von der Bereitschaft der Kirche, ihre sexualfeindliche Einstellung zu revidieren und die Sexualität freizugeben als etwas, das zur Natur des Menschen gehört. Indem in Berninis Statue die Sexualität mit der Übernatur verbunden wird, bekommt das triebhafte Begehren einen mystischen Anstrich und wird damit zugleich der Aufsicht der Kirche unterstellt. Während in Rafaels Sixtinischer Madonna die Sinnlichkeit vom Martyrium getrennt und in Verbindung mit dem Ideal der Jungfrau erlebt und genossen werden soll, geht es im römischen Barock des Bernini einen Schritt weiter: Nicht nur die Sinnlichkeit und Schönheit, auch die Sexualität wird jetzt mystifiziert. Umgekehrt ist es die Sexualisierung des Spirituellen und Religiösen, die der Herrschaft der Kirche über die Körper die Tore öffnet. Denn die Sexualität – das ist die unbewusste Botschaft der Statue – gehört in den Zuständigkeitsbereich der Kirche.

Das jesuitische Motto »Omnia ad majorem Dei gloriam« bedeutet eine völlige andere Gewichtung der Bedeutung sexuellen Verhaltens. Während das augustinische ethische Prinzip: »Liebe und dann tu, was du willst«, die Liebe zum Maßstab des Handelns macht, wird im barocken Motto die Vermehrung der Ehre Gottes zum Leitmotiv erhoben. In der Liebe bleibt der Andere und sein Wohlergehen im Blickfeld; geht es um die Ehre Gottes, tritt der Mensch in den Hintergrund. Nur so kann man verstehen, warum die Bernini-Darstellung des Orgasmus im religiösen Gewand Geister wie Jacob Burckhardt so peinlich berührten, als spürten sie, dass hier eine Grenze überschritten wird. Die Zurschaustellung dieses intimem Moments macht nicht nur die Freude an der Sinnlichkeit sichtbar, sondern zugleich auch den Verlust der Grenze. Vereinfacht gesagt: Man darf alles zeigen und tun, wenn es nur zur größeren Ehre Gottes gereicht. Dieses Bewusstsein, dass nicht der Andere, sondern die Ehre Gottes im Mittelpunkt steht, lässt den Anderen leicht aus dem Blick geraten. Es ist wieder das Ideal, das höher steht als der konkrete Mensch. Die Angst, dieses Ideal zu verletzen, ist größer als die Angst, einem anderen Menschen Gewalt anzutun. So begünstigt das barocke Motto (»Zur größeren Ehre Gottes«) den Verlust der Grenze und macht blind dafür, wo andere traumatisiert werden.

Die anfänglichen Verhüllungsbemühungen der Kirche angesichts der Missbrauchsfälle, die jetzt an die Öffentlichkeit gekommen sind, spiegeln ebenfalls dieses Motiv wider: Die Verletzung der Ehre Gottes in Gestalt des untadeligen, reinen Kleides der Kirche zählt mehr und wiegt schwerer als die Verletzung der Opfer. Das höhere Motiv der Ehre Gottes findet sich in den quasirituellen Abläufen wieder, mit denen in kirchlichen Einrichtungen der sexuelle Übergriff unkenntlich gemacht werden soll: Sorge um Gesundheit, Läuterung und gottgewollte Prüfung des Zöglings auch durch verbales Eindringen etwa in der Beichte, die ja der Abtötung des Sexuellen dient. Es ist allerdings bemerkenswert, dass ausgerechnet aus dem Orden der Jesuiten, der das Motiv von »Alles zur größeren Ehre Gottes« im barocken Rom der Gegenreformation propagierte, jetzt die Impulse zur Offenlegung und Aufarbeitung der Missbrauchfälle kamen, allen voran durch Pater Klaus Mertes, den Leiter des Canisiuskollegs in Berlin.

Ich beende den Blick auf Berninis Teresa, indem ich an die tiefe Ambivalenz erinnere, von der Diergarten in seiner Interpretation von Berninis Werk spricht: Einerseits begegnet uns pornografisch anmutende Freizügigkeit in der Darstellung des Aktes, andererseits wird eine zur Keuschheit verpflichtete Nonne zur Darstellerin einer intimen Szene. Sie erlebt, was sie nicht erleben darf. Was sichtbar wird, wird zugleich verhüllt: Wie in einem Vexierbild zeigt sich einmal die sexuelle Seite als Orgasmus und dann wieder die mystische Seite als Verzückung. Psychoanalytisch gesprochen: Was sichtbar wird, wird verleugnet und abgewehrt durch Mystifizierung und Spiritualisierung, und was verleugnet wird, sucht sich einen Weg zur Darstellung und Inszenierung.

Der verborgene Phallozentrismus des Klerikers

Diese Art von Domestizierung der Sexualität durch Mystifizierung und religiöse Aufladung führt nun keineswegs zur spirituellen Vergeistigung und reifen Sublimierung, sondern zu einem Phallozentrismus besonderer Art. Das Christentum bringt einerseits den keuschen Kleriker hervor, der jungfräulich lebt, und anderseits den Mann, der sich als Held und Macho die Frauen gefügig macht und diese unterdrückt. Beide Seiten leben im klerikalen System weiter. Die realen, sexuellen Frauen sind darin von der Teilhabe an Amt und Würden ausgeschlossen und werden auf der Symbolebene als asexuelle Mütter verehrt. Ihnen unterwirft sich der Kleriker, symbolisch vollzogen in der Hingabe und Weihe an Maria, die allen Klerikern empfohlen wird. Diese Unterwerfung ist die typische Verhaltensweise eines »Machos«, der das innere hilflose Kind hinter einer besonders stark erscheinenden Fassade verbirgt.

Hinter beiden Typen, dem Kleriker und dem Macho, steht die Angst vor der Frau. Der Körper mit seinen Trieben und Funktionen, mit seinen Schwächen und Gebrechlichkeiten erinnert den Mann zu sehr an seine tief verdrängten Bedürfnisse nach der Rückkehr ins (weibliche) Paradies. Der Körper steht sozusagen für die verlorene Mutter, für jenen Bereich, in dem es einst Harmonie und Geborgenheit gab. Diese zu erlangen erscheint ihm gefährlich, denn die Verschmelzung mit der Mutter fordert den Preis der Aufgabe seiner Männlichkeit. Deshalb ist auch der Körper sein Gegner, den es zu bekriegen und zu überwinden gilt. Deshalb darf ein richtiger Mann nicht weinen, nicht schwach sein, keinen Schmerz fühlen und den Tod nicht fürchten, sonst gaukelt ihm sein Selbstbild vor, er sei ein Schwächling, ein Feigling und Angsthase. So wird die Wirklichkeit des Körpers und seiner »schwachen« Gefühle verleugnet, missachtet, dressiert, abgerichtet. Er wird zu einer Maschine. Oftmals wird der Körper zu einem starren Panzer, der den Mann unempfindlich macht gegen Schmerzen, aber auch unempfindlich für tiefe Gefühle des Einsseins und der Hingabe. Darin ähnelt der Kleriker durchaus dem modernen Mann, der so sehr in seinem Job aufgeht, dass er sich selbst nicht mehr spürt.

Um der erwähnten Gefahr der Verschmelzung mit der fantasierten Mutter zu entgehen, fixiert sich der Mann nun endgültig auf jenes kleine Organ, von dem er sich Stabilität erhofft, weil es ihn von der Mutter-Frau unterscheidet. Die Fixierung auf den Penis soll für ihn symbolischer Garant dafür sein, dass er nicht von seinen Sehnsüchten und Ängsten überwältigt wird. Sein Phalluskult soll ihm Bestätigung geben, unabhängig, autonom und frei zu sein. Solche Phallussymbole (männliche Hierarchie, Weihegewalt, ehelose Lebensform) gehören auch zur Ausstattung des Klerikers: Der Zölibat ist so gesehen ein Symbol für die Unabhängigkeit von der Frau. Die Teilhabe an klerikalen Ritualen ist, weil sie nur Männern vorbehalten ist, eine Form, sich zu vergewissern, dass man unabhängig von der Frau und den Wünschen nach ihr ist.

Damit sind wir wieder beim Thema der unreifen Sexualität angelangt, die wir als den Hintergrund für den Missbrauch an Kindern und Jugendliche durch Geistliche ausgemacht haben. Reifung und Entwicklung gelingen nur, wenn das abgespaltene Weiblich-Sexuelle in Kontakt kommt mit dem männlichen Ichideal, wenn also eine Verbindung entsteht zwischen *animus* und *anima*. Im Seelenleben des Mannes bezeichnet *anima* die weibliche Seite, die der Mann im Laufe seiner Individuation in seine dominante *Animus*-Seite zu integrieren hat. Das bedeutet, dass der Mann für seine Reifung zu einem »ganzen« Mann seine Angst vor dem Weiblichen zu überwinden lernt. Diese Angst stammt in der Regel aus der Zeit der Pubertät oder noch davor, wenn nämlich der Junge den Kontakt mit der Mutter einerseits braucht, ihn aber andererseits meidet und als angstmachend erlebt, weil er seine Abgrenzung von ihr gefährdet. Die notwendige Unterscheidung von der Mutter und ihrem Körper sichert seine gerade erwachte Männlichkeit. Deshalb grenzen sich Jungen in dieser Zeit oft so rigide von allem Weiblichen ab, was auch bedeutet, dass sie »weibliche« Eigenschaften, wie Gefühle zeigen, Schwächen zugeben und verwundbar sein, aus ihrem Seelenleben abspalten. Später wird der Junge im Kontakt mit Frauen lernen, die Anteile seines Seelenlebens, die *anima*, zu aktivieren und zu integrieren.

Dieser Entwicklungsschritt setzt aber voraus, dass es zuvor zu einer inneren Trennung von der Mutter gekommen ist. Wenn dies auf der Ebene der konkreten Biografie nicht geschieht und eine Bindung an die frühe versorgende, asexuelle Mutter bestehen bleibt, findet der Mann eben nicht zu einer erneuerten, Identität und Kreativität ermöglichenden Männlichkeit. Es bleibt bei der Fixierung auf einer frühen Stufe der Entwicklung, wie sie für zahlreiche Kleriker typisch ist. Im Bereich der religiösen Symbolik zeigt sich diese blockierte Entwicklung in einem beliebten Motiv der Kunst und Volksfrömmigkeit, der Pietà: Maria hält den toten Sohn in ihrem Schoß, wodurch gleichsam der Endpunkt des Individuationsweges Christi markiert ist. Nicht die innere Trennung von der Mutter wird hier dargestellt, sondern die Unterwerfung und Identifizierung mit ihrem Leiden. In der Praxis der katholischen Kirche mit ihrem Ausschluss des Weiblichen vom Heiligen (Jungfräulichkeitsideal, Verbot der Priesterehe, Verbot der Frauenordination) fungiert die archetypisch wichtige Begegnung mit dem Mütterlich-Weiblichen eben nicht als etwas Vorübergehendes, als eine für die weitere Entwicklung notwendige und stärkende Regression, sondern als Endpunkt der Reise des Ichs auf dem Wege der Individuation. Tatsächlich kommt es bei zahlreichen kirchlichen Amtsträgern nicht zu einer die männliche Identität wandelnden und stärkenden Begegnung mit der Frau und dem, was sie repräsentiert. Stattdessen herrscht ein Bindung an die Mutter vor, die zwar Sicherheit gibt, aber den Sohn nicht zu einer erneuerten Männlichkeit, in der *animus* und *anima* vereint sind, kommen lässt. Es ist der ewige Jüngling, der das latente Männerbild der Kirche prägt. Sein Verhältnis zum Weiblichen und zur Frau ist zwiespältig: Er fühlt sich einerseits von ihr angezogen und muss doch andererseits vor ihr seine inneren Grenzen geschlossen halten.

Die Angst vor dem fremd und bedrohlich erscheinenden Weiblichen zeigt sich in seiner Abwehr von Sinnlichkeit, Nähe, emotionaler Intimität und Hingabe. Wenn diese Angst allzu groß wird, kann sie nur noch durch Macht- und Gewaltfantasien im Sinne des Klerikerideals in Schach gehalten werden. Die Gewalt gegen und die Herrschaft über Frauen finden sich immer wieder in der Geschichte des Christentums. Unterstützt wird dies durch ein gespaltenes Frauenbild, wie es uns in der männlich-kirchlichen Lesart von Maria begegnet: Als idealisierte, reine und makellose Frau ermöglicht sie es den Jünglings-Männern, die infantile Bindung an die idealisierte Mutter in religiöser Gestalt fortzusetzen. Es ist die Frau, die zärtlich, innig und kindlich geliebt und verehrt wird, aber nicht erotisch-sexuell begehrt werden darf. Dieses seelische Profil vieler Kirchenmänner begünstigt jene fehlentwickelten bzw. entwicklungsgestörten Persönlichkeiten, die so wenig fähig sind, Partnerschaften auf Augenhöhe zu leben. Stattdessen rationalisieren sie diesen Mangel dadurch, dass sie ihn als Berufung zu etwas Höherem oder als ein besonderes Charisma darstellen. Da sie aber zugleich triebbestimmte Wesen sind und bleiben, ist die Tür zu funktionalisierenden Beziehungen weit geöffnet. Solche missbräuchlichen Vereinnahmungen beginnen nicht erst beim sexuellen Übergriff, sondern vollziehen sich in der Funktionalisierung anderer für eigene Beziehungswünsche und sexuelle Fantasien. Auch die Spaltung der Kirche in Klerus und Laien kann als eine Form dieser Funktionalisierung verstanden werden: Die Klerikergruppe braucht offenbar ein Gegenüber, welches als Kirchenvolk einen geringeren Status hat und der Hierarchie bedarf. Erstere wiederum genießt es, sich in diesem Volk zu spiegeln und sich seiner in pastoraler Sorge anzunehmen.

III. Wege der Heilung

Was nützen nun diese Interpretationen und Sichtweisen, die manches Vertraute im christlichen Selbstverständnis infrage stellen? Wie in einer therapeutischen psychoanalytischen Behandlung haben die Deutungen keinen Selbstzweck, sondern dienen der Heilung.

Der Weg der Heilung besteht für die Psychoanalyse vor allem darin, dass sie dem Subjekt hilft, Einsicht zu gewinnen in das Verdrängte, Vergessene, Abgespaltene und Unbewusste. Dies ist ein oft schmerzhafter Prozess, weil er mit unbequemen Wahrheiten konfrontiert. Dieser Heilungsweg setzt eine gewisse Schmerztoleranz voraus und den Verzicht auf vorzeitiges Glück. Er beginnt damit, dass jemand bereit ist, die Projektion seines Leidens nach außen aufzugeben, was so viel bedeutet wie selber leidensfähig zu werden. Leiden zu können ist etwas anderes als depressiv zu sein, es bildet vielmehr die Voraussetzung für Selbsteinsicht, Entwicklung und Veränderung. Wenn das Ich stark genug ist und sich im guten Kontakt mit anderen sicher fühlt, setzt in der Regel eine Phase der Trauer und des Leidens an den eigenen Verletzungen ein. Dies wiederum bewirkt, dass die bindenden und krank machenden Identifikationen aufgehoben werden. Dann kann es zu einer Neuorientierung kommen. Am Ende eines psychoanalytischen Prozesses steht die Erfahrung, heiler geworden zu sein. Die alte Wunde wird zu einer Quelle der Stärkung und Erneuerung.

Dabei kann sich die Kirche selbst dem Heilungswissen Jesu anvertrauen, wie es etwa in der Geschichte von der Heilung des Taubstummen in Markus 7, 31-37 sichtbar wird. Jesus berührt ihn oder, wie es in anderen Berichten heißt, er schaut den Kranken und Leidenden an. Das ist der erste Schritt, dass das leidende Subjekt, in unsrem Fall die Kirche als Ganzes, gesehen werden will, und zwar so, dass sie sich nicht schämen muss wegen ihrer Verfehlungen. Aus der Scham folgen Verteufelung, Selbsthass und neue Verstrickungen ins Böse. Anstatt moralischer Verurteilung geht es darum, die eigene Verletzung und ihre Bewältigungsformen zu erkennen, an ihnen zu leiden und sie dann zu überwinden. Wenn Jesus den Kontakt mit einem Leidenden aufnimmt, grenzt er ihn aus der Masse aus, er nimmt ihn beiseite. Er entzieht ihn sozusagen dem beschämenden Blick der Masse und schafft einen geschützten Raum seelischer Intimität.

Natürlich kann man diese individuellen Heilungsvoraussetzungen nicht einfach eins zu eins auf eine weltweite Organisation wie die Kirche übertragen, aber diese Hinweise machen doch deutlich, dass auch die Kirche Schutz braucht, den die sie umgebende Kultur ihr geben müsste, von der sie doch ein Teil ist. Das bedeutet, dass mit Anklage, Beschämung und Verurteilung nichts gewonnen ist, außer dass dadurch Rache- und Vergeltungsbedürfnisse Einzelner befriedigt werden. Wenn an der Kirche und ihrer Praxis etwas faul ist, dann betrifft dies auch die sie umgebende Kultur. Ihr kann es nicht gleichgültig sein, was mit jener geschieht. Das wiederum bedeutet nicht, dass man die Verfehlungen, die Schuld und die sichtbar werdenden Konflikte nicht beim Namen nennen muss – gerade dadurch wird ja der längerfristige Heilungsprozess erst in Gang gesetzt –, wohl aber, dass es nicht bei der öffentlichen Beschämung bleiben sollte. Wenn die hier benannte Wunde der Kirche heilen soll, dann bedarf es auch für diese Institution eines geschützten Raumes, wo die Schuld benannt und verarbeitet werden kann. Umgekehrt wird die Kirche diesen Raum in der Kultur nur finden, wenn sie selbst zeigt, dass sie sich um Einsicht in die hintergründigen Konflikte bemüht und sich mit den Inhalten ihrer eigenen Lehre auseinandersetzt, die Fehlentwicklungen begünstigen.

Wenn wir der These dieser Arbeit folgen, dass sich hinter dem Missbrauchsskandal unbewusste Konflikte und verdrängte Traumatisierungen ausmachen lassen, dann gilt auch hier ein wichtiges Prinzip der Traumatherapie, nämlich neben die Konfrontation mit der Wahrheit auch heilende Szenen zu setzen, die unbeschädigten Aspekte der Person zu unterstützen und zu fördern, also ressourcenorientiert zu arbeiten. Ich werde darauf weiter unten eingehen, denn neben dem hier vorgebrachten neurotischen Anteil im Gedächtniskörper der Kirche gibt es auch integre und gesunde Anteile. Ich sehe diese Ressourcen im Christentum unter anderem darin, dass die christliche Religion eine Verbindung zum Transzendenten ermöglicht, die die geschichtliche Trennung von Gott und Welt, von Diesseits und Jenseits überschreitet und den Einzelnen wieder mit dem tragenden Urgrund des Seins verbindet. Dieses heilende Moment des Glaubens liegt verborgen im christlichen Zentralsymbol, dem Kreuz. Solange es aber bei der sadomasochistischen Deutung des Todes Jesu am Kreuz bleibt und die Heiligung der Unterwerfung mit allen genannten schädigenden Folgen im Vordergrund steht, werden sich die heilsamen Wirkungen dieses Symbols wohl kaum einstellen. Die Chance zur Heilung bestünde vielmehr in einem Wandel der durch den ungelösten ödipalen Konflikt geprägten Religion zu einer mystischen, das Ich überschreitenden spirituell-geistigen Bewegung, also in einer Transformation vom Ich zum Selbst. Dieser Wandlungsprozess bedürfte aber eines Ichs, das die hier dargestellten Konflikte überwunden hat. Dann könnte sich das Christentum von einer ichhaften Religion, die häufig neurotisiert, zu einer Selbst-Religion umgestalten, die zu mystisch-spirituellen Erfahrungen der Verbundenheit mit dem Ganzen und mit Gott führt und einen göttlichen, heilen und unzerstörbaren Kern in jedem Menschen annimmt. Diese Annahme könnte auf die hierarchische klerikale Unterdrückung der Sinnlichkeit und Sexualität ebenso verzichten wie auf die daraus resultierenden Machtverhältnisse.

Mut zur Selbstbegegnung statt vorschneller Vergebungsbitte

In einem solchen Bewusstsein könnte die Kirche sich gestärkt fühlen, die Auseinandersetzung mit dem eigenen Schatten und den dunklen, neurotischen Seiten der eigenen Gedächtnisgeschichte zu führen. Die hier vorgetragene Deutung des Hintergrunds der Konflikte um sexuelle Gewalt und deren Aufarbeitung könnte ein Beitrag zu dieser Auseinandersetzung sein. Vermutlich müssten sich die Kirche und die Theologen von vielem trennen, was die Traumatisierungen fortsetzt und so zu immer neuen Konflikten führt, sodass die Wunde nicht heilen kann. Diese Auseinandersetzung mit sich selbst ist das, was auch den konkreten Opfern sexuellen oder machtbezogenen Missbrauchs weiterhilft. Kirchliche Verantwortliche reden sehr schnell von Reue und Vergebung. Den Opfern helfen aber weder eine depressive Selbsterniedrigung noch die zu schnell vorgetragene Vergebungsbitte weiter. Vor allem Letztere ist deshalb oftmals schädlich, weil sie die Traumatisierung insofern wiederholt, als jetzt das Opfer benutzt wird, damit der Täter ent-schuldet und sich besser fühlen kann, weil der Fleck von seinem Kleid beseitigt wurde. Dadurch wiederholen sich für die Opfer die Funktionalisierungen und das Gefühl, mit der eigenen Verletzung nicht gesehen und anerkannt zu werden. Deshalb ist die zunächst so harmlos scheinende Bitte um Entschuldigung mit allergrößter Vorsicht zu betrachten. Der erwähnte Papst-Brief an die Opfer in Irland bestätigt diese Vorsicht, weil hier die Schuld am Versagen dem Teufel als Urheber zugeschrieben wird und damit die eigene Verantwortung für den Akt sexueller Gewalt zumindest rückgängig gemacht wird. In der Regel dient eine solche Verlagerung der Schuld mehr der Entschuldung der Täter als der Bewältigung des Traumas der Opfer.

Die Psychotherapie hat diesbezüglich einen reichen Erfahrungsschatz an Heilungswissen: Was den Traumatisierten hilft, ist die vorbehaltlose Anerkennung der Verantwortung durch den Täter. Denn dadurch werden ihr Leiden und die Ungerechtigkeit der Gewalt- und Missbrauchsszene bestätigt, was heilend wirkt und hilft, den schmerzenden Fremdkörper im eigenen Selbst wieder loszuwerden. Für eine heilsame Umwandlung des Schmerzes in Versöhnung ist die Übernahme der Verantwortung durch den Täter unabdingbare Voraussetzung. In Psychotherapien kann man oft in erschütternder Weise davon Zeuge werden, wie Menschen ein ganzes Leben lang auf die Anerkennung des Unrechts durch Eltern oder andere wichtige Personen warten, um sich endlich von den traumatisierenden Szenen der Vergangenheit befreien und aus dem Kreislauf von alter Opferposition und neuer Täterschaft heraustreten zu können.

Eine Spielart, sich der eigenen Verantwortung zu entledigen, ist vor allem bei sexueller Gewalt der Hinweis, das Opfer habe ja mitgespielt und sein Einverständnis signalisiert. Dies ist vor allem bei Jugendlichen in und nach der Pubertät der Fall. Diese Gruppe von Opfern sexueller Übergriffe befindet sich körperlich in einer anderen Situation als Kinder vor der Pubertät. Bei ihnen drückt sich das berechtigte Nähe- und Bindungsbedürfnis an Erwachsene auch körperlich aus. Obwohl sie diesen durch die Geschlechtsreife gleich sind, besteht in unserer Kultur dennoch eine Generationenschranke, die dem Erwachsenen trotz der Wünsche nach Nähe beim Heranwachsenden das Einhalten der Grenze auferlegt. Diese Grenze ergibt sich aus dem Moratorium, der Schonfrist, die unsere Kultur dem Adoleszenten als Freiraum zwischen Pubertät und dem wirtschaftlichen und sozialen Eintritt ins Erwachsenenleben garantiert. Anders gesagt: Jugendliche haben das Recht, diese Grenze zu überschreiten, Erwachsene, die sich in einer Eltern-, Erzieher-, Lehrer-, Priester- oder Vorgesetztenposition befinden, haben dieses Recht nicht. Die Fähigkeit zu dieser Unterscheidung haben jene Erwachsene nicht entwickelt, die in grenzenlosen Beziehungsverhältnissen groß geworden sind. Bei ihnen ist das Bewusstsein der Grenze zwischen dem eigenen Ich und dem anderer nicht hinreichend ausgeprägt, und sie behandeln die Schutzbefohlenen und von ihnen emotional abhängigen Jugendlichen so, als wären sie ein Teil von sich, den sie unter ihre allmächtige Kontrolle bringen können.

Es stellt sich hier wieder die Frage, worin die Grenze besteht? Ist ein Vater, der mit seiner elfjährigen Tochter kuschelt, bereits ein potenziell sexuell übergriffiger Täter? Oder begeht ein Pater, der im Klosterinternat einem Jugendlichen zärtlich mit der Hand über den Kopf fährt, bereits einen ersten Schritt zum Missbrauch? Keineswegs, es wäre sogar verhängnisvoll, wollte man solche notwendigen und berechtigten Nähewünsche von Kindern und Jugendlichen unter dem Verweis eines möglichen Übergriffs unterbinden. Es zeugt eher von einer völligen Ignoranz gegenüber der wirklichen Gefahr, wenn etwa Priester Kindern und Jugendlichen die Beichte nicht mehr im Beichtstuhl abnehmen, sondern dieses Ritual unter Verweis auf die Umgehung der Gefahren in einem offenen Raum vollziehen, wie unlängst in der Kirche von Irland geschehen.

Unabhängig von der Frage, ob dieses Ritual für Kinder und Jugendliche überhaupt sinnvoll ist, zeigen solche Überreaktionen, dass nicht verstanden wurde, worin das Problem wirklich liegt. Es liegt nämlich nicht in der gerechtfertigten körperlichen Nähe zwischen Kindern, Jugendlichen und Erwachsenen, sondern darin, ob der Erwachsene zur Befriedigung sexueller Bedürfnisse diese Nähe sucht, sei es in der Form sexueller Fantasien, mit dem Ziel genitaler Erregung oder sexueller Handlungen. Ist dies allerdings der Fall, gilt die kulturell errichtete Inzestschranke, und jeder Erwachsene, der in dieser Weise gefährdet ist, tut gut daran, den Kontakt und die Nähe zu Kindern und Jugendlichen zu vermeiden. Die Traumatisierung setzt sich fort, wenn diese Disposition des Erwachsenen und seine psychosexuelle Unreife geleugnet werden mit gängigen Rationalisierungen wie: »Er hat sich doch selbst auf diese Beziehung eingelassen«, »Sie wollte es doch und hat es genossen«, »Es geschah aus Liebe« oder »Bei den alten Griechen galt die Knabenliebe doch auch als etwas Normales«. Das klingt so, wie wenn der Papst den Teufel für die sexuelle Gewalt von Priestern an Kindern und Jugendlichen verantwortlich macht.

Leiden lernen statt projizieren

Was hingegen von den Opfern als hilfreich erlebt wird, ist die Erfahrung, dass die Täter und ihre Vertreter sich mit ihrer eigenen Schuld und mit ihren eigenen Konflikten und Verletzungen auseinandersetzen und daran leiden. Leiden nicht in einem depressiven und selbstquälerischen Sinn, sondern als produktives Leiden, welches zu größerer Selbsteinsicht und innerer Freiheit führt und den Prozess des Loslassens krank machender, unheilvoller Glaubensvorstellungen und kirchlicher Praktiken begünstigt. Wenn dies die Kirche als Ganzes täte und dabei ihre eigene, oft unbewusste Verstrickung in pathologische Strukturen erkennen und bearbeiten würde, könnte das für den Einzelnen heilend und enttraumatisierend wirken, weil sich das ganze System ändern würde. Denn dadurch wird der einzelne Übergriff und Missbrauch nicht nur als individuelle Verfehlung verstanden, sondern als Ausdruck kranker Strukturen und unbewältigter Konflikte, die ja den ursächlichen Hintergrund für den traumatisierenden Grenzverlust bilden. Nur wenn dieser Zusammenhang von individueller Verfehlung und struktureller Schuld gesehen wird und sich die Betroffenen mit ihm auseinandersetzen, kann es eine Versöhnung geben, die heilsam ist und neue Chancen eröffnet.

Wenn hier von Trauerarbeit und Leidenskompetenz die Rede ist, dann ist damit keineswegs die andere Seite geleugnet: Freude, Lust, Glück und Erfüllung sind gleichsam die Früchte dieser Enttäuschungsverarbeitung. In kirchlichen Kreisen wird oft gesagt, Christsein müsse Freude machen und es gehöre zu den Aufgaben des Christen, etwas von der Freude über die Erlösung sichtbar zu machen. Oftmals beruft man sich dabei in Predigt und Verkündigung auf das bekannte Wort Nietzsches, wonach die Christen erlöster aussehen müssten, um an ihren Gott glauben zu können. Infolge solcher Appelle schleicht sich eine unnatürlich und oft kitschig anmutende Freundlichkeit in kirchliche Kreise ein, die einen Menschen, der etwas vom Leben versteht, eher abstößt als einlädt. Ich bezweifle, ob es Aufgabe der Christen oder überhaupt der Angehörigen irgendeiner Religion sein kann, Freude zu bereiten, zumindest dann nicht, wenn Freude als Gegensatz von Trauer und Leiden verstanden wird und nicht als deren polare Ergänzung. Je freudiger sich manche Christen geben, desto schwerer tun sie sich mit der Erfahrung des Leids, die als kränkende Zumutung für einen solchen »freudigen« Glauben erlebt wird. Die Warum-Fragen: »Warum Leid? Warum ich?«, folgen auf dem Fuße. Auch geht Fröhlichkeit in den Klöstern oft einher mit psychosexueller Unreife, kindlichem Verhalten und der Unfähigkeit, an den Grenzen des Lebens zu leiden. Vor allem dann, wenn die Fassade nicht mehr aufrechterhalten werden kann, zeigt sich, dass ein gedeihlicher Umgang mit begrenzenden und kränkenden Leiderfahrungen kaum eingeübt worden ist.

Stattdessen möchte ich im Rahmen der Bewältigung der hier aufgezeigten Konflikte und des traumatischen Hintergrundes für die Förderung und Entwicklung einer Fähigkeit der kirchlichen Gemeinschaft plädieren, die sich nicht nur keiner öffentlichen Beliebtheit erfreut, sondern manchmal offen abgelehnt und vermieden wird: der Trauer. Im Gegensatz zur krankhaften Depression ist die Trauer eine heilende Aktivität und ein Affekt unseres psychischen Lebens, welcher uns im wahrsten Sinne des Wortes am Leben hält und sich als schöpferischer Akt erweist, der Entwicklung, Wachstum und Veränderung ermöglicht. Das hängt zusammen sowohl mit der Beschaffenheit unserer psychischen Natur als auch mit dem Sosein unserer je eigenen Umwelt. Konstitutionell leiden wir am Mangel an Glück, Gerechtigkeit, Erfüllung, weil wir mehr Wünsche haben, als eine noch so gute Umwelt je befriedigen könnte. Deshalb ist Leben Leiden, wie auch der Buddhismus sagt. Diese Einsicht entsteht als Frucht der Weisheit und nicht aus depressiver Lebensverachtung.

Die adäquate Form des Umgangs mit einer immer auch enttäuschenden Welt ist die Trauer. Bereits als Kleinkind lernen wir zu trauern, wenn wir die Mutter eben nicht nur als befriedigend, sondern auch als versagend erfahren. Diese Ambivalenz ist deshalb zentrales Merkmal einer passenden gefühlsmäßigen und verstandesmäßigen Einstellung zur Wirklichkeit, weil diese eben nicht mehr das gewünschte Paradies darstellt, sondern uns ihren nachparadiesischen Mangel zumutet. In der ambivalenten Einstellung wird deshalb ein

Opfer gebracht, nämlich das Opfer des Verzichts auf die ersehnte vollkommen gute und heile Welt, die frei ist vom Bösen, von Hass und Gewalt, von Begrenztheit, Leiden und Tod. Diese Art Opfer im Sinne von Loslassen ist an die Fähigkeit des Individuums gebunden, zu leiden und das Leiden als eine Grunddimension des Menschseins zu akzeptieren. Der dazugehörige Affekt ist die Trauer. Nur wer trauert, kann den nächsten Schritt in die Zukunft tun. Trauern ist eine entwicklungsfördernde Fähigkeit der Menschen, weil sie hilft, in Abschiede einzuwilligen und zu neuen Erfahrungen bereit zu sein.

Von Horst-Eberhard Richter stammt der bemerkenswerte Satz, der auch zugleich der Titel eines seiner Bücher ist: »Wer nicht leiden will, muss hassen.« Die Unfähigkeit zum Leiden führt zur Aufrechterhaltung des Ichideals und erzeugt in der Folge Angst, Hass sowie Wut und mündet in Erstarrung, Rigidität und Spaltung. Leidenskompetenz ist deshalb eine Voraussetzung von Humanität, weil sie den entscheidenden Schritt beschreibt, der herausführt aus dem Teufelskreis des Ichideals, der Hass und Gewalt erzeugt. Die Fähigkeit, leiden zu können, ist im Kontext unserer Frage eine wichtige Voraussetzung, damit sich die Kirche mit ihrer eigenen Verletzung und ihren unbewältigten Konflikten auseinandersetzen kann. Das ist das Verdienst derjenigen, die die Fälle sexualisierter Gewalt öffentlich gemacht haben. Man kann nur hoffen, dass die Kirche diese Chance zum Leiden an den eigenen Traumatisierungen nutzt und es nicht nur bei vorschnellen Entschuldigungen und Vergebungsbitten belässt.

Versöhnung statt Erlösung

Wir haben gesagt, dass im Ichideal, wie es sich im Klerikerideal manifestiert, die Sehnsucht nach einer ambivalenzfreien paradiesischen Welt aufgehoben ist. Diese seelische Instanz verhindert die psychosexuelle Entwicklung zu Reife, Leidens- und Genussfähigkeit. Eine Form, in der sich das kollektive kirchliche Ichideal äußert, ist die Suche nach und die Ansage von Erlösung. Ich möchte in nur wenigen

Strichen skizzieren, weshalb die Erlösungsfantasie dem Ichideal entspringt und weshalb dies wiederum eine Reaktionsbildung auf eine überfordernde und äußerst bedrängende Situation darstellt. Im Laufe der Geschichte hat sich die Erlösungsgewissheit im kollektiven kirchlichen Klerikerideal verdichtet, was das produktive Leiden an den tatsächlichen Grenzen des Lebens im Dienste einer Entwicklung verhindert hat. Erlösung entspringt dem Ichideal und gebiert Gewalt, wenn sie auf die Erfahrung der tatsächlichen Unerlöstheit trifft. Stattdessen wäre es heilsamer im Sinne einer Verarbeitung des Traumas, wenn anstelle von Erlösung lieber von Versöhnung gesprochen würde. Versöhnung leugnet nicht die bleibende Realität, sondern ermöglicht einen anderen Umgang mit ihr. Versöhnung basiert auf produktivem Leiden und ermöglicht einen Verwandlungsprozess, der geerdet ist. Leuchten wir die dunklen Seiten der Erlösungsfantasie weiter aus, wie sie sich in den gängigen Glaubensvorstellungen der Kirche findet.

Erlösung »von oben« und die Spaltung der Wirklichkeit

Die christliche Botschaft der Erlösung wurde in der Spätantike als einer Epoche besonders heftig erfahrener Verunsicherung bereitwillig angenommen. Es ist die Zeit, in der zahlreiche religiöse Kulte und philosophische Ideen geboren werden, die Erlösung aus der menschlichen Grundsituation der Ohnmacht, des Mangels an Glück und des Leidens an den Grenzen versprechen. Die Postmoderne mit ihren vielfältigen Sinn- und Heilsangeboten ähnelt darin durchaus der Spätantike mit ihrem ausgeprägten metaphysischen Erlösungsbedürfnis. Diese Parallele ist deshalb so interessant, weil die Spätantike mit ihrem geschichtlichen und kulturellen Hintergrund die Zeitepoche darstellt, in der sich die Praxis des Jesus von Nazareth und die der frühen Christengemeinden zu einer Lehre entwickelte, welche ihrerseits die Voraussetzung bildete für die »Religionswerdung« des Christentums. Das Sinn- und Machtvakuum im zu Ende gehenden Römischen Reich wurde ausgefüllt von dieser neuen Lehre, die sich auch politisch durchsetzte. Als Erlösungsreligion konnte sie Anschluss finden an das allgemeine Erlösungsbedürfnis dieser Epoche.

Es ist von gravierender Bedeutung, wie das Christentum auf dieses epochale Erlösungsbedürfnis reagierte und dadurch den Erlösungsgedanken zum zentralen Inhalt des Glaubens werden ließ. Damit begab sich das Christentum, das sich zu einer institutionalisierten Religion entwickelte, in die Gefahr, eine (illusionäre?) Befreiung von den Mächten in Aussicht zu stellen, die konstitutiv zum Menschsein gehören: Leid, Unglück und Todverfallenheit. Dies ist deshalb so problematisch und folgenschwer, weil es die Tendenz der Spaltung von innen und außen, von Diesseits und Jenseits, von Gott und Mensch, von Ichideal und Realität, von heilig und profan begünstigte, deren Folge wir unter anderem im Grenzverlust gesehen haben, wie er der sexuellen Gewalt zugrunde liegt.

Abschied vom allmächtigen Gott

In diesem Zusammenhang ist die Frage nach der Bedeutung des Bildes vom »allmächtigen« Vater-Gott zu stellen. Nur ein allmächtiger Gott kann erlösen. Der allmächtige Gott stellt sich psychoanalytisch als eine Projektion des Ichideals dar. Im Klerikerideal der Kirche lebt diese Allmachtsfantasie weiter. Der Kleriker hat die Macht, Gott zu vergegenwärtigen, etwa in der Spendung der Sakramente, die im Akt der Wandlung in der Eucharistie ihren Höhepunkt findet. Diese Identifikation der Amtsträger mit dem Allmächtigen begründet auch die hierarchischen Machtverhältnisse in der Kirche. In den vielen Psychoanalysen, die ich mit Priestern und anderen kirchlich sozialisierten Menschen durchgeführt habe, begegnet uns immer wieder der unbewusste Reiz, den die Identifikation mit dem Allmächtigen hat: Sie kompensiert den Mangel an Selbstvertrauen, verdeckt eine unsichere und hilflose Persönlichkeit und stellt zugleich eine lang ersehnte Entschädigung für Scham, Kränkung und Selbstzweifel in Aussicht.

Die destruktive Schattenseite des Bildes vom »Allmächtigen« und der Identifikation mit ihm besteht darin, dass die Vorstellung vom allmächtigen Gott das Selbstbild des Klerikers prägt und damit das kollektive Ichideal der Kirche als Ganzem. Deshalb ist die Analyse eines solchen Gottesbildes keineswegs nur ein innertheologisches Problem. Die Allmachtsvorstellung hat sich tief eingegraben in das Selbstverständnis des kirchlich geprägten Menschen und setzt destruktive Kräfte frei, wenn diese Fantasien enttäuscht werden. Aggressive Verfolgungen Andersdenkender gehören zum Markenzeichen der Kirchengeschichte und begegnen heute in fundamentalistischen Einstellungen und rigiden Abschottungen gegenüber der Moderne.

Könnte sich das Christentum nicht gerade in der Kritik dieser verborgenen Allmachtsvorstellungen, die sich manchmal ganz harmlos als sanfte Macht und pastorale Sorge zeigen, als heilsam erweisen? Heilsam deshalb, weil diese Kritik lehrt, mit Heilsverheißungen dosiert und maßvoll umzugehen, und den Menschen die Trauer darüber zumutet, nicht allmächtig zu sein. Dies freilich kann nicht aus der Position einer allzu siegreichen Erlösungsgewissheit geschehen, die dazu führt, dass der Mangel und die Abhängigkeit nicht empfunden werden, sondern müsste aus der Fähigkeit des Mitleidens an der mangelhaften Schöpfung erwachsen. Könnte das Christentum als die Religion des Abendlandes nicht andere, produktivere und in ihm selbst grundgelegte Formen der Bewältigung des gemeinen Unglücks und des Defekts der Schöpfung finden, als sich siegesgewiss und erlösungssicher über diese zu erheben? Ein allzu vollmundiges Predigen von der Erlösung vermag nicht einmal zu trösten, in der Regel führt es zur Abwendung von einer solchen Verkündigung und begünstigt den Auszug aus dem kirchlichen Christentum, weil es mit den tatsächlichen Erfahrungen der Menschen nicht mehr zusammenpasst.

Akzeptanz gegenüber dem Leben nach dem Paradies

Eine dem allmächtig und ideal (nur gut) gedachten Gott angesonnene Erlösungstat – wie immer man sich diese vorzustellen hat – führt zur Erlösungs- und Siegesgewissheit im Kampf mit den begrenzenden Realitäten des Lebens wie Krankheit, Zerfall, Tod sowie mit dem Sinnlosen und Unverständlichen. Dabei kommt es nicht zu einer tatsächlichen Versöhnung mit diesen Gegebenheiten, sondern es wird immer wieder verzweifelt die Frage gestellt: »Warum gibt es das Leid?« Und: »Warum gerade ich?« In solchen Fragen leuchtet die magische Welt kindlicher Wünsche auf. Ich meine nicht, dass ein erwachsener Mensch in Verzweiflung über sein Schicksal diese Fragen nicht mehr stellen dürfe. Wohl aber kann sich, sofern man sich in diese Fragen festbeißt, darin die Unfähigkeit ausdrücken, sich in gedeihlicher Weise mit dem Mangel auseinanderzusetzen, den die Schöpfung dem Menschen auszuhalten zumutet, und so schließlich zu einer akzeptierenden, nicht rebellierenden Einstellung zu gelangen.

Darin besteht ein Schwerpunkt der Arbeit in Psychotherapien mit Priestern, die als Täter gefährdet sind: den Mangel der Schöpfung ertragen zu lernen, Abschied zu nehmen von den kindlichen Paradieseswünschen und auf die Allmachtsfantasie zu verzichten, die dem klerikalen Ideal zugrunde liegt. Eine Form des kirchlichen Unerwachsenseins drückt sich beispielsweise in den »Warum-Fragen« aus, die eine Form des Nicht-Akzeptierten-Wollens der das Glück begrenzenden und ungerecht erscheinenden schicksalhaften Ereignisse darstellen.

Neben einer solchen depressiven Verarbeitung der Erfahrung des normalen Unglücks und der offenkundigen Ungerechtigkeit des Schicksals droht die Gefahr des Ausagierens. Agieren bedeutet, eine unangenehme Erfahrung nicht in sich zu verarbeiten, sondern sie durch meist inadäquates Handeln nach außen bewältigen zu wollen. Wer etwa innere Unruhe in sich verspürt, kann sich in hektische Aktivitäten flüchten, statt die Ursachen dafür in sich zu erforschen. Bezogen auf unser Thema bedeutet agieren etwa, dass ein Priester den klerikalen Status und die damit verbundene Autorität benutzt, um andere von sich abhängig zu machen und über sie seelische oder sexuelle Gewalt auszuüben. Die eigene Hilflosigkeit, Ohnmacht oder Selbstzweifel braucht er dann nicht mehr in sich zu spüren, geschweige denn, ihnen auf den Grund zu gehen.

Eine erwachsene Form, mit den eigenen Defiziten umzugehen, wäre eine andere Einstellung dazu. Die Richtung eines heilsamen Wandels dürfte bisher deutlich geworden sein: Er bestünde darin, an die Stelle siegessicherer Erlösungsgewissheit ein produktives Leiden an der Begrenztheit des Lebens zu setzen. Dazu könnte eine neue Einstellung zur Schuld und zum notwendigen Schuldigwerden im Lebensvollzug gehören. Schuldig zu werden wird im Sinne des Klerikerideals ja als Befleckung erlebt, die nicht geduldet werden kann. Heilsam wäre demgegenüber die Besinnung auf eine andere Bestimmung der Situation des Menschen in dieser Welt, die sein schuldhaft-schuldloses Verstricktsein umfasst. Eigentlich hat die Kirche mit der Lehre von der Erbsünde das entsprechende theologische Modell in der Hand. Hilfreich wird die Rückbesinnung auf die Erbsündenlehre aber wohl nur dann sein, wenn man sie in symbolisch-metaphorischer Weise dergestalt versteht, dass sie ein Existenzial, also ein zum Menschen gehöriges Ausstattungsmerkmal beschreibt. Das Gegenteil davon wäre ein biologisch verkürztes und allzu konkret gemeintes Verständnis von der erbsündlichen Prägung des Menschen.

Wenn man die Beschreibung der Erbsünde in diesem Sinne metaphorisch verstünde, käme man zu einem Verständnis von Erlösung, welches die tatsächlich erfahrene Gebrochenheit der Menschen ernst nimmt und ihnen hilft, durch Trauerarbeit mit diesem Defekt der Schöpfung fertig zu werden. Auf diesem Wege der Bearbeitung könnten sie zu einem versöhnten Leben finden. Pointiert formuliert: Während der jugendliche Held und der kindlich-heldenhafte Mensch Erlösung wollen vom Defekt der Schöpfung, verzichtet der erwachsene Christ (der gereifte und geläuterte Held) auf diesen illusionären

Wunsch und sucht stattdessen die Versöhnung mit diesem Mangel, weil er kein unverwundbarer, gottgleicher Held zu sein braucht. Für diesen Weg stellt der christliche Glaube in der Vorstellung vom Kreuz, in dem Heil liegt, das entsprechende Symbol zur Verfügung. Es markiert den gedeihlichen Umgang mit jener paradoxen Grundsituation, die durch die Lehre von der Erbsünde ausgesagt wird.

Im Neuen Testament werden immer wieder Bilder gewählt, die den Transformationsprozess beschreiben, der aus dem Leiden erwächst: Das Bild vom Weizenkorn, welches sterben muss, um Frucht zu bringen (Johannes 12, 24) ist sicher das prominenteste, aber auch das Wort Jesu, dass der, der sein Leben verliert und gering achtet, eben dieses Leben finden wird (Lukas 14, 26). Auf diese Paradoxie verweist das Bild vom Tod Jesu jenseits seiner historischen Dimension. Wo jemand ängstlich klammernd und lebenshungrig festhält an seinem Ichideal, findet er nicht zu seinem Selbst. Das Ichideal steht hier für all jene rückwärtsgewandten und manchmal kindlichen Wünsche, die einer Reifung im Wege stehen. Dieses Opfer des Ichideals ist nicht im Sinne einer »Heiligung« der Unterwerfung zu verstehen, sondern steht im Dienste einer umfassenden Selbstwerdung. Eine siegesgewisse Leugnung der Sterblichkeit steht dem eher im Wege, hilfreich erweist sich die Akzeptanz und Aneignung der Grenzen des Lebens. Während die Erlösungsfantasie der ewigen Macht der erbsündlichen Beschränktheit zu entkommen glaubt, lehrt die Versöhnung, mit diesem bleibenden Mangel zu leben. Sie vollzieht sich als Akt der Aussöhnung mit ihm, der uns als Versagung begegnet und Schmerz und Leiden zufügt.

»Obwohl er Sohn war, hat er durch Leiden den Gehorsam gelernt«, wird von Jesus im Hebräerbrief (5, 8) gesagt. Wenn man »Gehorsam« nicht als Heiligung der Unterwerfung versteht, gepaart mit einem schwächlichen Verzicht auf Selbstbestimmung, dann kann die eigentliche Tiefendimension eines solchen Wortes deutlich werden. »Leiden lernen« meint dann den Akt der Versöhnung mit einem Gott, der eine unvollkommene Welt geschaffen hat, jedenfalls verglichen mit den maßlosen Wünschen, die wir unserer Triebnatur verdanken. Die Gehorsamsbereitschaft liest sich dann wie die Anerkennung dieser Tatsache, als Einwilligen in die Enttäuschung, die die Schöpfung uns bereitet, und als ihre Verarbeitung. Sie markiert die Überwindung der Position des allmächtigen und unverwundbaren Ichideals, die Jesus, »obwohl er Sohn war«, vollzogen hat und die ihn durch dieses »Opfer« seine wahren Identität hat finden lassen.

Wer zu solcher Aussöhnung fähig ist, wird weniger dazu neigen, die Kränkung einer nichtidealen Welt durch Wut und Hass zu bewältigen. Er wird achtsam sein und Nein sagen, wenn andere, die als Sündenbock herhalten müssen, für diesen Mangel verantwortlich gemacht werden. Man könnte auch sagen, durch Trauer im Sinne der Enttäuschungsverarbeitung wird die Welt zu einer humanen Welt. Dazu freilich bedarf es eines Gottesbildes, das selbst diese Ambivalenz in sich aufzunehmen vermag. Und es braucht Bilder von Erlösung, die das Opfer unseres Größenselbst einfordern als notwendige Voraussetzung zu einem versöhnten, erfüllten Leben.

Es wäre viel gewonnen, wenn die christliche Rede von der Erlösung diese Dimension eines durch Leidenskompetenz erworbenen versöhnten Lebens deutlich machte. Dann könnte das christliche Zentralsymbol mit einem lebensfördernden Inhalt verbunden werden, der innerseelisch und sozial erfahrbar ist. Theologische Sprache würde somit wieder angebunden an die inneren Prozesse des Menschen, Reden von Erlösung hätte eine konkrete und erfahrungsnahe Dimension und müsste sich nicht auf die Wirksamkeit in einer metaphysischen Sonderwelt zurückziehen. Eine solche jenseitig wirkende Erlösung hat nicht nur wenig Chance, »geglaubt« zu werden, sondern kann oftmals geradezu schädlich wirken, wenn sie zu einer Spaltung der Wirklichkeit führt und folglich nicht mehr zu einer schöpferisch-versöhnenden Bewältigung der konstitutionellen Schwäche der Stellung des Menschen in der Schöpfung beiträgt.

Produktiver Ungehorsam

Ich sagte im ersten Teil, dass Gehorsam, jesuanisch-biblisch verstanden, auf eine reife Lebensverwirklichung abzielt. Das bedeutet, dass jemand lernt, sich selbst treu zu bleiben und auf sich und seine innere Stimme zu hören. Dazu bedarf es der Abgrenzung, des Ungehorsams gegenüber den Erwartungen anderer. Diese Abgrenzung wird zur Grundlage des Gehorsams Jesu: Sein Gehorsam ist geprägt von einem dreifachen Nein, wie es in der Szene der Versuchung in der Wüste zum Ausdruck kommt. Die Versuchung besteht darin, Steine in Brot zu verwandeln, den Teufel anzubeten und der Allmacht zu verfallen. Jesu »Nein« dient der Konstituierung des eigenen Selbst, des gesunden Narzissmus. Am Beginn des Erwachsenenlebens Jesu steht also der Ungehorsam gegenüber den Wünschen und Erwartungen anderer, die in der Gestalt des Verführers an ihn herangetragen werden. Ich stelle Ihnen jetzt zwei theologische Aspekte vor, die den Ungehorsam als heilsame Lebensverwirklichung skizzieren.

Eine andere Sicht des »Sündenfalls«

Die zweite Schöpfungsgeschichte der Bibel (Genesis 2, 4 b-3) handelt vom Paradies, von Sündenfall und Vertreibung. Ich fasse zusammen: Nach der Formung des Menschen aus Erde vom Ackerboden wird um ihn herum ein Garten angelegt. Von den zahlreichen Bäumen des Gartens werden zwei besonders hervorgehoben: Der »Baum des Lebens« und der »Baum der Erkenntnis von Gut und Böse«. Nach der Erwähnung der vier Paradiesströme schließt sich das Verbot an, vom Baum der Erkenntnis zu essen, und die Ankündigung zu sterben, falls der Mensch die aufgezeigte Grenze überschreite. Eine erste Differenzierung des Menschen wird angekündigt: Gott will ihm eine Hilfe machen, die ihm entspricht. Zunächst jedoch werden die Tiere geformt und dem Menschen zugeführt, der sie seinerseits mit Namen versieht und durch diese hoheitliche Benennung seine Umwelt begrifflich ordnet. Jetzt erst wird aus der Rippe des Adam eine Frau gebaut und dem Menschen zugeführt. Durch den Eingriff eines Dritten wird die geschlechtliche Differenzierung in Mann und Frau vollzogen. Diese Trennung ist die Voraussetzung, dass beide sich als fremd gegenüberstehen, sich jeweils als Andere erleben, so miteinander in Kommunikation treten und »eins« werden können. Das Kapitel endet mit der Feststellung, dass beide ihr Nacktsein erkennen, aber sich noch nicht voreinander schämen. Die Scham als Affekt, der das Gewahrwerden des Getrenntseins begleitet, wird noch nicht erlebt, was als Hinweis darauf verstanden werden kann, dass die Differenzierung noch nicht so weit fortgeschritten ist, dass sie affektive Spuren hinterlässt

Der Sündenfall als Geburt des Ichs

Im dritten Kapitel vom »Sündenfall« geht es nun um die Differenzerfahrung und um das Unterscheiden-Lernen. Die Schlange wird zum Gesprächspartner der Frau des Menschen. Sie bringt ihr den Vorschlag nahe, vom verbotenen Baum zu essen. Nicht der Tod sei die Folge dieser Grenzüberschreitung, sondern vielmehr sehend zu werden. Nach dem Genuss der Frucht tritt das Sehend-Werden ein als ein Gewahrwerden ihrer Nacktheit. Beide erkennen voreinander und vor Gott als dem Dritten, dass sie nackt sind. Dann werden für Mann und Frau die Konsequenzen genannt, die sich aus dem Akt des Essens, der Aneignung eines bestimmten Wissens, ergeben: Für die Frau ist es die Mühsal der Schwangerschaft und Geburt, das Verlangen nach dem Mann und dessen Herrschaftsanspruch, für den Mann die Ankündigung von Arbeit und Not und vor allem die Sicherheit, wieder zu Staub zu werden. Das Leben wird als Arbeit und Mühsal dargestellt, und die Möglichkeit des andauernden Glücks ist für immer verloren. Das Kapitel schließt damit, dass die Möglichkeit der Rückkehr in den Garten Eden endgültig ausgeschlossen wird. Vor die Pforten des Paradieses werden die Cherubim gesetzt, die darüber wachen, dass die Differenz zwischen Gott und Mensch nicht aufgehoben wird.

Die üblichen theologischen Auslegungen dieses uralten Textes gehen von einem moralischen Standpunkt aus. Sie beschreiben die menschliche Grenzüberschreitung als einen Akt des Frevels gegenüber dem allmächtigen Gott. Durch diesen Sündenfall habe der Mensch die endgültige Gemeinschaft mit Gott verloren. Die Plackerei seines Lebens als Mann und Frau hat er sich demnach selbst zuzuschreiben. Aus eigener Schuld ist die Möglichkeit des Glücks im Zustand vollkommener Gottgemeinschaft verloren gegangen.

Hinter diesem Auslegungstyp verbirgt sich die Annahme, es hätte auch ein glücklicheres, leidfreieres Leben geben können als das tatsächliche, hätte der Mensch dem von Gott gesetzten Gebot Gehorsam entgegengebracht. Gleichzeitig wird die Grenzüberschreitung als eine im moralischen Sinne böse und darum schuldhafte Tat verstanden. Eine solche Deutung reicht meines Erachtens jedoch nicht an die Dimension heran, die zu erreichen ist, wenn man diese Geschichte von einem anderen, radikal vormoralischen Standpunkt aus liest und dabei psychodynamische Gesichtspunkte mit einbezieht.

Ich schlage vor, den Ungehorsam als die Erlösung zu verstehen, wodurch die Größenfantasie eines destruktiven Narzissmus, wie er uns im Ichideal begegnet, aufgegeben wird. Der »Baum der Erkenntnis« markiert somit eine illusionäre Zugangsmöglichkeit zur Aufhebung der Sterblichkeit, denn die Unsterblichkeit unterscheidet Mensch und Gott. Wie Gott unsterblich werden zu wollen beinhaltet ein Rückgängigmachen der erreichten Differenz. Die Differenzierung betrifft nicht nur die Welt außerhalb des Menschen, sondern ihn selbst: Äußerlich differenziert er sich als Mann und Frau, innerlich zu einem Wesen, das zur Selbsterkenntnis fähig ist, seine Sterblichkeit sowie seine Sexualität akzeptiert – und deshalb eben nicht Gott ist. So gesehen ist der Ungehorsam des Sündenfalls die Erlösung von jenem vormenschlichen Zustand der Unbewusstheit, in der es noch keine Selbstreflexivität und Subjektivität, noch keine Gewissheit der eigenen Sterblichkeit und damit der eigenen Identität als Mann oder Frau gegeben hat. Der notwendige Sündenfall konstituiert somit das notwendige menschliche Dilemma im Umkreis von Freiheit und Schuld. Gehorsam wäre die Anerkennung dieser unumgänglichen Schuld in einem begrenzten Leben als Mann oder Frau.

Die Ungehorsam-gleich-Sünde-Deutung ermöglichte die bereits erwähnte Interpretation des Kreuzestodes Jesu durch Anselm von Canterbury. Durch ihn bekam die masochistische Lesart der Erlösung ihre populäre Gestalt. Danach stirbt Jesus nicht, weil sein Eintreten für die Entrechteten ihn in eine Situation trieb, die den Tod unausweichlich machte und der um dieses Zieles willen bewusst in Kauf genommen werden musste, sondern weil Gottvater dieses Opfer verlangte, um Genugtuung für die Beleidigung durch die Sünde im Paradies zu erlangen. Bezogen auf die Seite Gottes wird also hier das zur Sünde gemacht, was in unserer Lesart der jahwistischen Schöpfungsgeschichte gerade als die Voraussetzung für das Menschsein erscheint, nämlich die Stufe der Differenziertheit als Mann und Frau und das Bewusstsein von der Gewissheit des eigenen Todes erlangt zu haben. Man könnte hinter der traditionellen Auslegung eine Gottesprojektion vermuten, die von einem Elternbild geprägt ist, welches keine Trennung und Individuation zulässt, sondern die Entwicklung und Differenzierung des Kindes als schwere narzisstische Kränkung erlebt, die nur durch das Opfern des Kindes wiedergutgemacht werden kann. Damit wird die Unterwerfung des Sohnes geheiligt und die Position des Vaters bestätigt. Das Ich (Sohn) wird dem Überich (Vater) geopfert. In der Identifikation mit dem Sohn kommt es für Christen zur unbewussten Unterordnung unter das väterliche Überich. Der Einzelne kann jetzt nicht mehr nach situativen Gegebenheiten entscheiden, ob beispielsweise Einschränkung und Verzicht sinnvoll sind und gewollt werden, sondern er muss sich jetzt dem Überich blind unterordnen und stets verzichten. Damit hat das Ich seinen Handlungsspielraum und seine Freiheit verloren. Ein solchermaßen befangenes Ich ist nur in sehr geringem Maße imstande, notwendige Beschränkungen, Verzicht und Leiden zu tolerieren. Vielmehr verharrt es im Wahn einer infantilen Leidfreiheit.

In der psychotherapeutischen Arbeit mit christlich erzogenen Menschen begegnet mir immer wieder dieser Zusammenhang: die Bereitschaft zur »gehorsamen« Unterwerfung unter ein strenges »Gewissen«, das eine Menge unnötiger Lebenseinschränkungen abverlangt, und die Weigerung, einen bisweilen notwendigen, der Situation angemessenen Verzicht auf sich zu nehmen. Solche »christlich« geprägten Menschen sind in ihrer eigenen Strenge und ihrer Abhängigkeit vom Überich nicht in der Lage, echte Schuld für ihr Leben anzuerkennen und an ihr zu leiden. Sie bleiben in der kindlichen Position des Opfers, das sie tatsächlich einmal waren, und sind nicht fähig, die unangenehme Tatsache zu akzeptieren, dass sie, obwohl sie Opfer waren, jetzt Täter, das heißt Subjekt ihres Lebens sind. Die Anerkennung von Schuld ist ihnen nicht möglich, weil es keinen Menschen gab, der sie in ihrem Leiden gesehen und gehalten hat. Die Fixierung auf die Opferrolle wird dadurch verstärkt, dass die masochistische Fantasie eine Entschädigung anbietet: Dadurch, dass ich Opfer bleibe und als Opfer leide, verwandelt sich Hass in Liebe, Schmerz in Lust, Erniedrigung und Angst in (sexuelle) Erregung (im Fall des sexuellen Masochismus) und Hilflosigkeit in Macht.

Genau diese Fantasie findet sich in der gängigen Interpretation des Todes Jesu. Seine Ohnmacht und Machtlosigkeit habe Gott in Stärke und Macht verwandelt, durch sein freiwilliges Sterben sei unser Hass in Liebe verwandelt worden, durch seinen Tod habe er uns vom Los des ewigen Todes befreit. Viele Beispiele aus der Frömmigkeitsgeschichte ließen sich hier anfügen, die sich um die masochistische Kernfantasie gruppieren. Diese Fantasien vermögen zwar für einen Moment zu trösten, sie führen jedoch letztlich in eine tiefe Entzweiung der Wirklichkeit. Anstatt zu versöhnen, »erlösen« sie um den Preis der Spaltung. Denn das, was in der Fantasie gewünscht wird, tritt in der Wirklichkeit eben nicht ein. Konflikte, Leiden, Schmerzen, Begrenzungen und der Tod bestehen weiterhin. Der Hass und die Aggression bleiben starke Mächte im Leben des Einzelnen. Die Ohnmacht und Hilflosigkeit werden nicht erlebt, sondern überspielt durch eine fantasierte Allmacht. Gerade diese narzisstischen Allmachtsfantasien sind eine Form, mit der Hilflosigkeit vor dem äußeren Gott, der Unterwerfung und Opfer fordert, oder mit dem inneren Richter fertig zu werden.

Dieser Zusammenhang von Schuld und Allmacht gedeiht gut im christlichen Kontext. So berichtet eine Analysandin, dass ihr in der Kindheit gesagt wurde, jede böse Tat sei ein weiterer Nagel, der Christus am Kreuz eingeschlagen werde. Damit werden die Taten des Einzelnen übermächtig, und die Patientin fühlt sich tatsächlich für alles Leid in der Welt verantwortlich, kommt jedoch aufgrund einer sie über alle Maßen einschränkenden Zwangssymptomatik nicht dazu, auch nur irgendetwas zu tun. Stattdessen bestraft sie sich mit immer neuen »Erfindungen«, wie sie ihr Leben einschränken kann.

Eine weitere Variante der masochistischen Fantasie ist die innere Gleichsetzung von Trennung mit Verbrechen, Mord und Tod. Trennung, die ja für jeden Entwicklungsschritt notwendig ist, wird als ein zutiefst schuldig machendes Vergehen erlebt. Dem entspricht dann das Gefühl des hilflosen Ausgeliefertseins und der Ohnmacht. Da jede Selbstbehauptung gefährlich und schuldbesetzt ist, schwindet das Selbstgefühl bis zum Nullpunkt. Es kommt zu einer tiefen Selbstverachtung und zur Scham.

Abschied von der Kirche als vollkommener Gesellschaft (»societas perfecta«)

Kehren wir nach diesen übergeordneten Gedanken wieder zur Realität kirchlicher Praxis und damit zum Thema zurück. Der Skandal um den Missbrauch könnte die Kirche lehren, von diesen unheilvollen Erlösungsfantasien, die dem Ichideal entspringen, Abschied zu nehmen und sich selbst nicht mehr in der Art und Weise zu idealisieren, wie es in der theologischen Rede von der Kirche als »societas perfecta« zum Ausdruck kommt. Deshalb ist es für die Kirche so heilsam, wenn die geschlossene Welt der zölibatären Kleriker durch die Veröffentlichung der Missbrauchsfälle aufgebrochen wird. Zwar beharren manche Oberhirten wie der Regensburger Bischof Müller oder der ehemalige Augsburger Bischof Mixa darauf, Vorwürfe gegen sie seien eine »Schmutzkampagne«, aber im Ganzen hat das Bollwerk der geschlossenen Gesellschaft Kirche doch Risse bekommen. So konnten Politik und Öffentlichkeit eine Zuständigkeit der staatlichen Strafverfolgungsbehörden für Verdachtsfälle von Missbrauch durchsetzen. Man konnte allerdings dabei Zeuge werden, wie sehr sich der Vorsitzende der Deutschen Bischofskonferenz dagegen wehrte, die binnenkirchliche Zuständigkeit aufzugeben. Dies entspricht der Dynamik, die hinter dem Zölibat und der kirchlich-klerikalen Lebensform steht, nämlich dass sich die Gruppe der Kleriker in einer »societas perfecta« von der »bösen Welt« abschottet. Je mehr diese geschlossene Welt binnenkirchlichen Lebens aufgebrochen wird, desto weniger wird sie für Menschen interessant, die mit ihrer Sexualität und ihrem Beziehungsleben Schwierigkeiten haben. Durch diese heilsame Verweltlichung des kirchlichen Binnenklimas verändern sich auch die Sozialisationsbedingungen für künftige Priester.

Eine weitere Form, die geschlossene kirchlich-klerikale Gesellschaft zu öffnen, sind die Praktiken von Priestern, die sich über das Sexual- und Beziehungsverbot hinwegsetzen. Den Anteil der Priester, die in einer weitgehend geheim gehaltenen Beziehung leben, kann man nur schätzen. Er ist vermutlich weitaus höher als offiziell angenommen. Einerseits bringen diese Priester die Werte von sexueller Partnerschaft und verbindlichem Beziehungsleben als wertvolle Erfahrung in den klerikalen Binnenraum. Diese Priester sind oft sehr einfühlsame, schwingungsfähige und realitätsbezogene Seelsorger. Andererseits sind sie gezwungen, diese Erfahrungen und menschlichen Bereicherungen von ihrer offiziellen beruflichen Identität abzuspalten. Öffentlich müssen sie sich als asexuelle Männer darstellen und sich so von ihren Vorgesetzten und ihren Gläubigen definieren lassen. Dies führt dann, wenn es nicht bewusst als Konflikt wahrgenommen, bearbeitet und integriert wird, zu genau jenen Spaltungen zwischen Klerikerideal und Sexualität, wie sie in diesem Essay untersucht wurden.

Das Leiden als Chance zu Wandlung und Entwicklung im Glaubensbewusstsein

Man kann depressiv leiden, man kann das Leiden suchen, um daraus Befriedigung zu ziehen, oder man kann produktiv leiden und dadurch das Leben neu annehmen. Dazu ist aber ein gewisser Leidensdruck nötig, der dann zur tieferen Erforschung der Ursachen des Leidens führt. Größtes Hindernis dabei ist die masochistische Form des Leidens, weil diese ja dem Einzelnen einen Lustgewinn bringt. In unserem Kontext um die Frage von Sexualität und Verwirklichung werden das Leiden und die Heiligung der Unterwerfung gebraucht, um das Klerikerideal aufrechtzuerhalten. Bei dem, was als Verzicht und Gehorsam ausgegeben wird, handelt es sich in Wahrheit um eine Aufblähung des Ichs.

Wir haben schon mehrfach darauf hingewiesen, dass man die Symbolik des Christentums ichhaft oder vom Selbst her lesen kann. Die ichhafte Auslegung des christlichen Glaubens spiegelt eine Stufe der Bewusstseinsentwicklung wider, in der vor allem das Denken in Kategorien von Trennung und Differenz im Vordergrund steht: Das Ich verdankt sich der Trennung und Differenz zum Nicht-Ich, das Selbst umfasst die übergeordnete Einheit von Ich und Welt.

Um nun zu einer Sicht des christlichen Glaubens zu kommen, welche die sadomasochistische Deutung des Todes Jesu am Kreuz und seine Auferweckung überwindet, bedarf es dieser beiden Begriffe von Ich und Selbst. Beide, Ich und Selbst, spiegeln zwei unterschiedliche Stufen der Entwicklung menschlichen Bewusstseins wider. Um das besser zu verstehen, ist ein Blick auf die Evolution des Bewusstseins wichtig, weil diese Perspektive eine nichtneurotische Sicht des christlichen Dogmas ermöglicht. Es ist die Perspektive, die sich ergibt, wenn man die Entwicklung vom Ich zum Selbst als übergeordneten Bezugsrahmen wählt.

Ich-Überschreitung in der Bewusstseinsevolution

Allen Modellen der Bewusstseinsevolution liegt die gemeinsame Vorstellung zugrunde, dass es eine Zeit der Ungetrenntheit von Ich und Nicht-Ich gibt, der eine Phase der Entstehung des Ichs als Vorgang der Differenzierung von Ich und Nicht-Ich folgt. Diese geht nach dem Höhepunkt der Ich-Zentriertheit über in eine transpersonale Phase, in der das Bewusstsein des Enthaltenseins in einem das Ich übersteigenden Ganzen im Mittelpunkt steht.

Bewusstseinsgeschichtlich gehen wir aus von einer Vor-Ich-Phase, in der das Ich enthalten ist im Unbewussten (undifferenzierte, archaische, magische Phase der Menschheit). Zeitlich reicht diese Etappe auf dem Weg der Menschwerdung des Menschen weit zurück in die Vorzeit, als sich in der Savanne Afrikas die Vorfahren des heutigen Menschen entwickelten. Vor ca. 2,5 Millionen Jahren begann diese wohl längste von unseren Vorfahren geprägte Kulturepoche. Danach, mit Beginn der sogenannten neolithischen Revolution, setzt mit der Entwicklung der großen Mythologien die Differenzierung des Ichs aus dem Unbewussten ein (Differenzierungsphase, mythische Übergangsphase). Mit den in der langen Periode der Steinzeit erworbenen Fähigkeiten war die Voraussetzung für einen weiteren Entwicklungssprung gegeben, der sich in der neolithischen Revolution zwar als allmählicher Übergang von der Nomadenexistenz in die Sesshaftigkeit vollzog, aber dennoch qualitativ einen Bruch darstellte. Dieser besteht im Heraustreten aus dem Kreislauf der Natur, in der Abgrenzung von den zyklischen Lebensrhythmen. Diese Phase mündet in die Zeit, in der das Ich-Bewusstsein der Menschheit seinen Höhepunkt erreicht: diejenige der Zentrierung des Ichs, welches sich als Mittelpunkt des Universums erlebt. Diese Mittelpunktstellung des Ichs, welches sich als souveräne Einheit erlebt, wird eingeleitet durch die Entwicklung des Monotheismus, wie er in Ägypten seinen Anfang nahm, um im jüdischen Jahwe-Glauben seinen Höhepunkt zu finden. Nach einer Übergangsphase, in der Gott nicht mehr nur monistisch, sondern trinitarisch gedacht wird, beginnt die Zeit der Dezentrierung des Ichs, welches die Trennung und Differenzierung des Ichs überschreitet hin auf ein Bewusstsein der Einheit allen Seins. Diese Phase der Bewusstseinsevolution wird vor allem von den mystischen Traditionen der Religionen vorangetrieben, die lehren, die Getrenntheit des Ichs als Illusion zu durchschauen. Die Instanz, die dieses durchschaut, ist das Selbst. Das Selbst ist nicht getrennt von der Welt wie das Ich, sondern mit ihr verbunden. Ja, das Selbst stellt das Bewusstsein dar, welches die Trennung überwindet.

Die »kopernikanische Wende«: Vom Ich zum Selbst

Der menschlichen Selbstüberschätzung sind durch Entdeckungen größerer Zusammenhänge immer wieder Grenzen gesetzt worden: Die Vorsokratiker lehrten, dass nicht die Götter die Natur bewegen, sondern physikalische Prozesse unser biologisches Dasein bestimmen. Kopernikus lehrte die Menschheit, dass nicht die Erde Mittelpunkt des Universums ist; Darwin bereitete der Menschheit die Kränkung, ein Zufallsprodukt der Evolution zu sein; und Freud mutete den Menschen den Abschied zu von der Illusion, das »Ich« sei Herr im eigenen Hause. Er lehrte die Macht der unbewussten Triebe. Muss nun die Psyche die »kopernikanische Wende« im Inneren nachholen – wie viele Psychotherapeuten fordern – und das Ich seine Vormachtstellung aufgeben zugunsten transpersonaler Zusammenhänge? Hat sich das Ich tatsächlich allzu sehr aufgebläht, sodass es zum herrscherlichen Subjekt in dieser Welt wurde und rücksichtslos alles beseitigte, was seiner Vormachtstellung im Wege stand? Offenbar war dieses mächtige Ich dadurch entstanden, dass sich der Mensch mit einem allmächtig geglaubten Gott identifizierte. Steht also eine Opferung des Ichs an zugunsten der Geburt eines größeren, umfassenderen Selbst? Sind der oft beklagte Individualismus, die schwindende Beziehungsfähigkeit, soziale Verantwortung und Solidarität Früchte dieser falschen Ich-Aufblähung?

Die Ich-Zentrierung und Einheit des Ichs, wie sie sich im jüdischen Monotheismus widerspiegelt, findet eine erste symbolische Relativierung dadurch, dass im Christentum neben der Einheit Gottes die triadische Struktur in der Gottesvorstellung den zentralen Platz einnimmt. Dies meint, dass Gott zwar auch als der Eine gedacht wird, dass jedoch dieser Eine in sich ein Beziehungsverhältnis aufweist, indem die drei göttlichen Personen in einem kommunikativen Ausgleich stehen. In den Lehrformulierungen der großen ökumenischen Konzilien des frühen Christentums spiegelt sich der Versuch wider, Einheit und Differenz im Gottesbild zusammenzudenken. Entscheidend ist, was sich darin bewusstseinsgeschichtlich zeigt: dass nämlich das höchste Prinzip der Wirklichkeit, Gott, als ein Beziehungsverhältnis gedacht wird und nicht als ein starr in sich ruhendes Prinzip wie etwa der »unbewegte Beweger« in der Philosophie des Aristoteles, die das theologische Denken stark geprägt hat. Dieses trinitarische Beziehungsdenken ist die philosophisch-theologische Ausgestaltung des Glaubens, dass Gott in einem Menschen zur Welt kommt. Dies bedeutet wiederum bewusstseinsgeschichtlich, dass die Trennung von Göttlichem und Menschlichem, von Ich und Sein, aufgehoben wird. Wenn sich laut christlicher Glaubensüberzeugung Gott in einem Menschen verleiblicht und somit die Trennung zwischen Diesseits und Jenseits überwindet, dann bedeutet dies, dass das Ich nicht mehr nur in der Subjekt-Objekt-Trennung, also im Differenzparadigma, gedacht wird, sondern im Modell der paradoxen Verbindung von Einheit und Getrenntheit. Auf der Symbolebene drückt sich dieses neue Bewusstsein in der christologischen Formulierung aus, dass Göttliches und Menschliches in Christus »ungetrennt und unvermischt« existieren. Wenn man davon ausgeht, dass im Gottesbild einer Religion und einer Epoche immer auch das Bewusstsein des Menschen von sich selbst aufscheint, dann kann man sagen, dass das Ich jetzt nicht mehr wie im jüdischen oder später im islamischen Monotheismus streng monistisch im Sinne der Trennung konzipiert wird, sondern als in einer triadischen und somit Göttliches und Menschliches vereinigenden Beziehung stehend. Getrenntheit und Verbundenheit als zwei Weisen von Beziehung werden somit zu einem Strukturprinzip der wirklichsten Wirklichkeit, für die der Name Gott steht.

Das Christentum hat mit seiner Lehre von der Inkarnation Gottes im Menschen die Stufe des Getrenntheitsdenkens insofern überwunden, als es das Modell der Einheit von Gott und Mensch, von Ich und Selbst neben das der Getrenntheit stellt. Dennoch hat sich in der Christentumsgeschichte immer wieder das Getrenntheitsdenken durchgesetzt, sodass die Glaubenssymbolik nicht mystisch, sondern ichhaft interpretiert wurde. Diese ichhafte Beziehung zur Religion bedeutet, dass sich das Ich mit den Figuren und Präsentationen der Glaubenssymbolik identifiziert. Eine Reihe solcher schädlicher Identifizierungen haben wir genannt: die narzisstische Identifikation mit Gott als dem Allmächtigen, die ödipale mit Christus als dem, der sich an die Stelle des Vaters setzt und mit der Mutter eins wird, die sadomasochistische mit Christus, der sich freiwillig dem Leiden unterwirft und aus der Not eine Tugend macht. Eine weitere Folge der ichhaften Identifizierungen ist die Lehre, dass Gott eine Person sei. Ein Ich, das sich zum Maßstab nimmt, kann natürlich nicht anders als Gott als Person zu denken. Die mystische Interpretation hebt gerade dies auf.

Mystisches Christentum

Was die Zukunft des kirchlichen Christentums angeht, wird diese nur eine mystische sein, um ein bekanntes Wort von Karl Rahner aufzugreifen. Der mystische Zugang ist ein Weg der Überwindung der Subjekt-Objekt-Spaltung und insofern eine Überschreitung des Ichs. Das Ich gibt es nur in der Getrenntheit von Ich und Nicht-Ich. Im Selbst ist diese Getrenntheit überwunden, es ist Teil einer nichtdualen Wirklichkeit. Da diese Seinswirklichkeit sich der sprachlichen Vermittlung entzieht – Sprache ist ein Medium der Verständigung und setzt die Subjekt-Objekt-Spaltung voraus –, kann man über sie nur schweigen, wie die erfahrenen Mystiker und Philosophen sagen. Andererseits leben wir aber immer in der Welt der Getrenntheit von Ich und Welt und bedürfen der Sprache, auch wenn es darum geht, etwas auszusagen, was hinter der Sprache liegt. Versuchen wir im Folgenden, mithilfe der Sprache mit der Kreuzessymbolik diesen Wandlungsprozess vom Ich zum Selbst als eine heilsame Umgestaltung (»Auferweckung«) zu beschreiben.

Ausgangspunkt ist die Unterscheidung zwischen dem irdischen Jesus einerseits und dem nachösterlichen Christus des Glaubens andererseits. In dieser Perspektive steht der irdische Jesus für diejenige Instanz unserer Persönlichkeit, die man das Ich nennt. Dieses Ich ist die Gesamtheit unserer Funktionen, beinhaltet unsere Grenzen und unsere vermeintliche, für den Alltag notwendige Ich-Identität. Es wird sofort deutlich, dass dieses Ich nicht die ganze Person sein kann. Diese ist umfassender und beinhaltet auch die Aspekte, die nicht funktional zu fassen sind.

Das Ich kann in zweifacher Weise darin gehindert werden, seine schöpferischen Aufgaben situationsgerecht zu erfüllen: durch Entwertung (depressive Form) oder durch Identifikation mit dem Ichideal. Abgesehen von der hier angesprochenen Pathologie der menschlichen Psyche, die im Einzelfall behandlungsbedürftig ist, kann man allgemein sagen, dass der Weg, unser Ich von diesen unnötigen Lasten zu befreien, darin besteht, dass wir selbst unsere Situation in dieser Welt und im Rahmen der Schöpfung realistisch einschätzen: Wir sind Mängelwesen, nicht zu dauerhaftem »ewigen« Glück geschaffen, die aber im Rahmen dieser Grenzen Lebenserfüllung und Zufriedenheit erlangen können. Diese Lebensaufgabe der Akzeptanz von Grenzen bewegt sich auf der Ebene des Ichs. Die Pathologie kirchlicher Strukturen, wie wir sie hier beschrieben haben, ist genau hier anzusiedeln. Ebenfalls die für diese Strukturen verantwortliche sadomasochistische Deutung des Todes Jesu mit der Heiligung der Unterwerfung, der Lust am Leiden und der Entwertung von Sinnlichkeit und Sexualität.

Auf der Ebene des Selbst, also in mystischer Perspektive, stellt sich der Tod Jesu am Kreuz und sein Leiden anders dar, nichtmasochistisch. Wenn wir nun den irdischen Jesus mit dem psychologischen Ich analog setzen, entspricht die nachösterliche Christusgestalt dem übergeordneten Selbst. Wenn man den Tod Jesu am Kreuz mit dem Schlüssel der Ich-Selbst-Beziehungsdynamik als heilsam auslegt, könnte man Folgendes sagen: Das Ich bzw. das Ichideal als ein Teil von ihm muss sterben, damit aus dem Untergang von Teilen des Ichs das Selbst hervorgeht. Dieser Vorgang beschreibt zunächst eine rein psychologische Realität. Dann steht das Selbst für die zu erreichende Ganzheit der Persönlichkeit, die noch im Werden ist, und diese ist ohne die schmerzhafte Opferung von Ich-Anteilen nicht zu haben. Man kann hier den Begriff Freiheit einführen. Ein freier Mensch im Sinne des umfassenden Selbst wird man dann, wenn nicht mehr die kindlichen Fantasien und das Wunschdenken das Handeln bestimmen, sondern ebendiese kindlichen Fantasien geopfert worden sind. Es muss im wahrsten Sinn des Wortes etwas sterben und geopfert werden beispielsweise der kindliche Gehorsam und die Unterwerfungsbereitschaft, damit etwas Neues wie Freiheit und Autonomie geboren werden kann.

Solches wird im sogenannten Philipperhymnus Jesus zugeschrieben. Hier zeigt sich Gehorsam als heilsame Verwirklichung: »Er war Gott gleich, hielt nicht daran fest, wie Gott zu sein, sondern er entäußerte sich und wurde wie ein Sklave und den Menschen gleich. Sein Leben war das eines Menschen« (Philipper 1, 6 f.). Was hier von Jesus gesagt wird, nennen die Theologen »Kenosis«, was so viel heißt wie Ausleerung, Preisgabe, Verzicht. Der liedhafte Text beschreibt, dass Jesus die Welt Gottes verlassen und sich auf die Ebene der Menschenwelt begeben hat. Der Verzicht auf die Gottnatur – das Ichideal – ermöglichte ihm ein geerdetes Leben als Mensch. Damit wird von Jesus das gesagt, was als Entwicklungsaufgabe jedem Menschen bevorsteht, wenn er in diese Welt eingetreten ist. Psychoanalytisch ist es die Bewältigung des primären Narzissmus, die als Weg von der Gottgleichheit in die Menschlichkeit von jedem Ankömmling auf dieser Welt beschritten werden will.

Im Neuen Testament werden unterschiedliche Metaphern gewählt, um diesen Transformationsprozess zu beschreiben: Das bereits zitierte Bild vom Weizenkorn, welches sterben muss, um Frucht zu bringen (Johannes 12, 24), aber auch das Wort Jesu, dass der, der sein Leben verliert und gering achtet, ebendieses Leben finden wird (Lukas 14, 26). Auf diese Paradoxie verweist das Bild vom Tod Jesu jenseits seiner historischen Dimension. Wo jemand ängstlich klammernd und lebenshungrig festhält an seinem Ich, dort findet er nicht zu seinem Selbst. Dieses Ich freilich steht hier als Chiffre für all jene rückwärtsgewandten und manchmal kindlichen Wünsche, die einer Reifung im Wege stehen. Dieses Opfer ist nicht im Sinne einer »Heiligung« der Unterwerfung zu verstehen, sondern muss im Dienste einer umfassenden Selbstwerdung vollzogen werden. Insofern scheint mir der Opfergedanke einen unaufgebbaren Aspekt zu beinhalten, der lebenserweiternde Erfahrungen ermöglicht. Man könnte ihn am besten mit dem Begriff des Loslassens, des Aufgebens von Anhaftungen oder der Entidentifizierung mit alten Bildern, Wünschen und Erfahrungen beschreiben. Aufgegeben werden Vorstellungen von idealen, reinen und großartigen Zuständen, die im Ichideal gespeichert sind. Wenn ein solcher Prozess des Loslassens, des Trauerns und Einverstandenseins mit einer begrenzten und unvollkommenen Welt im Subjekt einsetzen kann, dann ist es frei. Diese Freiheit ist die Frucht eines Gehorsams, der nicht auf masochistischer Unterwerfung beruht, sondern Ausdruck heilsamer Selbstwerdung ist.

Wenn man von dieser psychologischen Ebene zu einer spirituell-mystischen weiterschreitet, bedeutet der Tod Jesu den Ich-Tod, also die Aufgabe der Identifikation mit dem Ich. Die Auferweckung steht für die Erfahrung des Selbst, welches sich nicht mehr als von der Welt getrennt erlebt, sondern ein Bewusstsein von der Einheit allen Seins entwickelt hat. Der Tod Jesu am Kreuz würde sich in solch einer Perspektive als tragisches Ereignis darstellen. Jesus hat den Tod nicht selbst gesucht, sondern er ist ihm durch tragische Umstände widerfahren. Entscheidend ist jetzt aber die Deutung dieses Todes. Mystisch gesehen wäre der Tod Jesu als Sterben des Ichs zu interpretieren, das zur Geburt des Selbst führt. Diese Geburt des größeren Selbst wäre das, was die Auferweckung symbolisiert. Insofern wäre zwischen Erleuchtung und Auferstehung gar nicht mehr ein so großer Gegensatz. Im Selbst, welches die Frucht der Transformation des Ichs ist, ist die Einheit mit Gott aufgehoben, weil das Selbst dem Bereich der nichtdualen Wirklichkeit angehört. Die Trennung von Subjekt und Objekt, von Diesseits und Jenseits, von Gott und Mensch wird aufgehoben in ein anderes Bewusstsein der Einheit allen Seins.

Auf einer spirituell-geistigen Ebene des Selbst stellt die christliche Identität von Mensch und Gott, wie sie in Christus präfiguriert ist, einen Fortschritt in der Bewusstseinsevolution dar, denn hier wird die Trennung zwischen zwischen Leib und Seele überwunden. Diese spirituelle Ebene setzt aber ein Ich voraus, welches zuvor den ödipalen Konflikt gelöst und die sadomasochistische Position überwunden hat. Eine solche Lösung wird durch ein bestimmtes Christus-Konstrukt, wie es die Evangelien präsentieren und wie es die kirchliche Tradition fortgeschrieben hat, allerdings immer wieder unterlaufen. Anders gesagt: Es ginge darum, die sadomasochistische Deutung des Todes Jesu als Kern der christlichen Erlösungsvorstellung aufzugeben und zu einer anderen, hier nur skizzierten mystischen Sichtweise des Kreuzes zu kommen. Dann wären all die neurotisierenden Deutungen überflüssig, wie sie sich im asexuellen Klerikerideal, in der Heiligung der Unterwerfung und in der Verherrlichung des Leidens in der gängigen kirchlichen Praxis finden.

Glossar

Abspaltung: siehe Spaltung.

Abwehr: ein Mechanismus der Psyche, unerwünschte, nicht akzeptierte Wünsche und Impulse dem Bewusstsein fern zu halten.

Agieren, Ausagieren: ein unangenehmes Gefühl oder eine Impuls wird nicht bewusst erlebt, sondern in Handlung, meistens gegenüber anderen, umgesetzt.

Borderline-Störung: Persönlichkeitsstörung mit instabilen Ich-Strukturen, starken Stimmungsschwanken und gestörten Ich-Umwelt-Grenzen.

Dekompensation: Zusammenbrechen eines erreichten Kompromisses zwischen zwei einander widerstrebenden Wünschen oder Impulsen.

Der Dritte: bezeichnet die Position, die die Enge einer Zweierbeziehung aufbricht und den Kontakt mit der Realität ermöglicht.

Double-Bind: Doppelbotschaft, die dazu führt, es nur falsch machen zu können, beispielsweise »Komm her, aber bleib weg«.

Dyade: Zweierbeziehung, in der das oder der Dritte ausgeschlossen ist.

Ersatzpartnerschaft: liegt dann vor, wenn in der Familie die Tochter vom Vater zur besseren Partnerin oder der Sohn von der Mutter zum Ersatzmann gemacht werden. Damit einher geht die Missachtung der Position des Kindes als Tochter bzw. Sohn.

Erwachsener Standpunkt: ist dann erreicht, wenn an die Stelle kindlicher wunschbedingter Einstellungen eine realitätsbezogene Sichtweise tritt.

Externalisierung: ein seelischer Inhalt wird in die äußere Realität verlagert, z. B. Angst vor einem Tier.

Ich: psychische Instanz, die durch Denken, Wahrnehmen, Erinnern und Erleben zwischen den Ansprüchen des Es (Wünsche, Impulse) und des Überichs (Verbote, Moral) vermittelt.

Ichideal: ein Teil des Ichs, der die idealen Vorstellungen, die eine Person von sich hat, beinhaltet. Im Ichideal sind Vorstellungen paradiesischen Wohlbehagens als Schutz vor Versagung und Verletzung aufgehoben und die Erfahrungen des frühen Enthaltenseins in einer beschützten Welt enthalten. Diese haben sich zum Ideal, das ein Mensch in sich und von sich aufbaut, fortentwickelt.

Infantilisierung: wenn ein Erwachsener auf kindliche Verhaltensweisen festgelegt oder ein Kind an der Entwicklung zum Erwachsenwerden gehindert wird.

Inszenierungen: ein meist unbewusstes In-Szene-Setzen eines inneren Konflikts.

Introjekte/Introjektion: Fremdkörper im Ich, der durch einen Gewaltakt entsteht, der von einem anderen ausgeht. Das Opfer kann sich nur unterwerfen und nimmt den Täter nach innen. Als nach innen genommenes Objekt verlangt er nun Unterwerfung, Gehorsam und Anpassung, während der das Kind respektierende andere Liebe und Autonomie ermöglicht.

Inzestschranke: kulturell errichtetes Verbot von sexuellen Beziehungen zwischen Eltern und Kindern oder anderen Familienangehörigen und Kindern.

Klerikerideal: kollektives kirchliches Ichideal, welches der Abwehr der Sexualität und der Aufrechterhaltung eines Gefühls der Auserwähltheit dient.

Kollektive Identität: durch ein gemeinsames Symbolsystem gestütztes Selbstverständnis einer Institution, an dem die einzelnen Mitglieder teilhaben.

Kompromissbildung: ein Ausgleich zwischen zwei widerstrebenden Wünschen, beispielsweise Abhängigkeit und Autonomie oder zwischen eigenen Bedürfnissen und fremden Ansprüchen.

Masochismus: im Gegensatz zum gesunden Masochismus, der den Leidcharakter menschlichen Lebens akzeptiert, eine übertriebene Suche nach Schmerz und Leid, um daraus Lust zu beziehen.

Monade: ein bestimmter seelischer Zustand, der in vorgeburtlichen Erfahrungen des Enthaltenseins in einer geschlossenen, relativ spannungsfreien Welt des Uterus gründet. Hierin wurzelt die Vorstellung eines körperlosen Selbstanteils, wie er etwa durch die Engel symbolisiert wird, die zur Quelle absoluten Wohlbehagens werden.

Narzissmus, kindlicher: eine innere Position und Einstellung, in der sich ein Mensch wie ein Kind zum Mittelpunkt der Welt macht und alles, was andere tun, auf sich bezieht.

Narzissmus, narzisstische Kränkung: Narzissmus bedeutet das Selbstgefühl und die gesunde Selbstliebe. Wenn diese beschädigt werden, sucht jemand das eigene Selbst ständig in den Mittelpunkt zu rücken. In diesem Fall spricht man vom pathologischen Narzissmus. Eine Kränkung liegt vor, wenn das Selbst durch Einschränkungen der Realität oder durch Reaktionen anderer beschämt wird.

Narzisstisches Klerikerideal: Klerikerideal.

Neurose, neurotische Entwicklung: psychische Störung, die durch lebensgeschichtliche Ereignisse, Fehlentwicklungen und Traumata verursacht ist.

Neurotische Abwehr(formen): liegen vor, wenn ursprünglich abwehrende Schutzmaßnahmen nicht mehr einem konkreten Ziel dienen, sondern sich verselbstständigt haben und die Person in ihren Entfaltungsmöglichkeiten stark einschränkt; siehe Abwehr.

Nichtintegrierte Relikte: Fremdkörper im Ich; siehe Introjekte

Ödipales Dreieck: Beziehungskonstellation, die zwischen dem dritten und fünften Lebensjahr auftritt und die Liebeswünsche an den gegengeschlechtlichen Elternteil und die Hassgefühle auf den gleichgeschlechtlichen Elternteil beinhaltet.

Phallozentrismus: Fixierung auf die mit dem Phallus als Machtsymbol verbundene Einstellung.

Projektion: ein Abwehrmechanismus, bei dem eigene, nicht akzeptierte Konflikte auf eine andere Person verlagert und dort wahrgenommen werden.

Regression: Zurückfallen auf eine frühere Entwicklungsstufe.

Repräsentanzen: innere Bilder und Vorstellungen, die sich aus Identifikationen mit anderen bedeutsamen Menschen und den Beziehungen zu ihnen ergeben.

Sadismus: Befriedigungsgefühle, die aus dem Quälen und Erniedrigen anderer resultieren.

Sadomasochismus: die Lust am Schmerz korrespondiert mit der Lust, anderen Leid zuzufügen.

Seelische Spaltung: früher Abwehrmechanismus, mit dem nicht zusammenpassende seelische Inhalte auseinander gehalten werden, etwa durch Lügen.

Selbst:im Gegensatz zum Ich meint das Selbst die subjektiven Erlebnisaspekte und das Gefühl der Einheit der Person (Identität). Es besteht aus den Selbstrepräsentanzen und umfasst auch übergeordnete, transpersonale Aspekte.

Selbstrepräsentanz(en): Repräsentanzen, die sich zu einem zusammenhängenden Selbstbild zusammenfügen und sich aus Identifikationen mit verinnerlichten Objektrepräsentanzen bilden.

Spaltung: siehe seelische Spaltung.

Spiegelstadium (Lacan, Ich ist ein anderer): wenn sich das Kind nur im Spiegel der Mutter sieht, entdeckt es nicht sich selbst, sondern erliegt einer Illusion. Durch die Heranziehung eines Dritten wird erkannt, dass das Ich ein anderer ist, das heißt, es tritt ein realistischeres Bild an die Stelle der Spiegel-Illusion.

Sublimierung: Umlenkung triebhafter Bedürfnisse in gesellschaftlich akzeptierte Kulturarbeit.

Symbolische Inszenierungen: In-Szene-Setzen eines unbewussten Konfliktes in verschlüsselter Gestalt.

Symbolisches Denken: die Fähigkeit, einen seelischen oder geistigen Inhalt durch ein Zeichen (Sprache, Kunst, Riten, Formen) zu ersetzen und damit universell kommunizierbar zu machen.

Symptombildung: verdrängte innere Konflikte kehren in Form körperlicher und/oder seelischer Erkrankung zurück an die Oberfläche.

Transzendierung: Überschreiten der Grenzen des Bewusstseins in einen anderen Bewusstseinszustand.

Trauerarbeit: seelischer Prozess des Loslassens eines Objektes oder eines Selbstanteils.

Traumatisierung: ein Überschreiten der körperlichen und/oder der seelischen Grenzen eines Menschen, gegen die er sich nicht erwehren kann. Diese Art von Verletzung gehört zur Gruppe der Traumatisierungen, die durch ein Ereignis oder eine Handlung von außen hervorgerufen werden, die den Einzelnen überschwemmen und seine Abwehr- und Schutzstrukturen gewaltsam durchbrechen. Davon zu unterscheiden sind Traumatisierungen durch Beziehungen, genauer durch den psychischen Grenzverlust zwischen zwei Personen, etwa durch Ersatzpartnerschaft.

Triadische Organisation der Psyche: die wichtigsten Ich-Funktionen wie Denken, Wahrnehmung und Erinnerung entstehen dadurch, dass zu der Zweierbeziehung von Mutter und Kind die Position des Dritten hinzutritt, sodass eine Dreiergruppe entsteht, deren Mitglieder untereinander in Beziehung stehen. Wenn das Kind sieht, wie Mutter und Vater sich über einen Sachverhalt verständigen, kann es deren Austausch als Bestätigung seiner Wahrnehmung verwerten. So entsteht für das Kind Realität.

Triangulierung: die Fähigkeit, in einer Dreierbeziehung zu jedem der beiden anderen eigene Beziehungen aufnehmen zu können, ohne dass diese in einem Konkurrenzverhältnis stehen oder sich ausschließen.

Überich: als Teil des Ichs, in dem die Verbote, Tabus und moralischen Gesetze aufgehoben sind, bildet diese Instanz den Gegenspieler zum Es.

Verdrängung: Abwehrmechanismus, der dazu dient, unangenehme und nicht tolerierte Wünsche und Impulse vom Bewusstsein fernzuhalten und ins Unbewusste abzuschieben.

Wiederkehr des Verdrängten: aktuelle Konflikte in der Gegenwart führen dazu, dass die ins Unbewusste verschobenen Wünsche und Impulse an die Oberfläche zurückkehren, meist in Form eines Symptoms.

Literatur

Assmann, Jan (1998), Moses der Ägypter, München.

Aust, Stefan/Schnibben, Cordt (Hg.) (2002), 11. September. Geschichte eines Terrorangriffs, Stuttgart, München, 3. Auflage.

Bauriedl, Thea (1980), Beziehungsanalyse. Das dialektisch-emanzipatorische Prinzip der Psychoanalyse und seine Konsequenzen für die psychoanalytische Familientherapie, Frankfurt/M.

Bauriedl, Thea (1994), Auch ohne Couch. Psychoanalyse als Beziehungstheorie und ihre Anwendungen, Verlag Internationale Psychoanalyse, Stuttgart.

Berger, Klaus (1994), Theologiegeschichte des Urchristentums. Theologie des Neuen Testamentes, Basel, Tübingen.

Diergarten, Friedrich (2003), Das Unbehagen im Christentum. Psychoanalytische und theologische Untersuchungen zu Verdrängungsphänomenen, Frankfurt/M.

Drewermann, Eugen (1989), Kleriker. Psychogramm eines Ideals, Düsseldorf, Zürich.

Frenken, Ralph (2002), Kindheit und Mystik im Mittelalter, Frankfurt/M.

Freud, Sigmund (1912/13), Totem und Tabu, Gesammelte Werke, Band IX, Frankfurt/M. 1999.

Freud, Sigmund (1921), Massenpsychologie und Ich-Analyse, in: Gesammelte Werke, Band XIII, Frankfurt/M. 1999, S. 71-161.

Freud, Sigmund (1939), Der Mann Moses und die monotheistische Religion. Drei Abhandlungen, in: Gesammelte Werke, Band XVI, Frankfurt/M. 1999, S. 101-246.

Funke, Dieter (2000), Das Schulddilemma. Wege zu einem versöhnten Leben, Göttingen.

Funke, Dieter (2011), Ich – eine Illusion? Psychoanalyse, Mystik und die Evolution des Bewusstseins, Gießen (in Vorbereitung).

Grunberger, Béla/Dessuant, Pierre (2000), Narzissmus, Christentum, Antisemitismus, Stuttgart.

Raguse, Hartmut (1993), Psychoanalyse und biblische Interpretation. Eine Auseinandersetzung mit Eugen Drewermanns Auslegung der Johannes-Apokalypse, Stuttgart, Berlin, Köln.

Reik, Theodor (1983), Aus Leiden Freuden, Frankfurt/M.

Sorgo, Gabriele (1997), Martyrium und Pornographie, Düsseldorf.

Teresa von Avila (2001), Das Buch meines Lebens, Freiburg.

Vinnai, Gerhard (1999), Jesus und Ödipus, Frankfurt/M.

Yerushalmi, Yosef H. (1999), Freuds Moses. Endliches und unendliches Judentum, Frankfurt/M.